José Antonio Panero
Hildegard Rudolph

Spanisch
Übungen für zwischendurch

Hueber Verlag

Cover, Rücktitel: © Getty Images/iStock/Roxiller

Zeichnungen: Martin Guhl, Stein am Rhein, Schweiz (www.cartoonexpress.ch)
Sternzeichen (S. 192–193): © iStock

Dieses Werk ersetzt die ISBN 978-3-19-007913-1 (Power-Wortschatz Spanisch).

4. 3. 2. | Die letzten Ziffern
2024 23 22 21 20 | bezeichnen Zahl und Jahr des Druckes.
Alle Drucke dieser Auflage können, da unverändert,
nebeneinander benutzt werden.
1. Auflage

Umschlaggestaltung: Sieveking · Agentur für Kommunikation, München
Layout und Satz: Sieveking · Agentur für Kommunikation, München
Verlagsredaktion: Stephanie Pfeiffer, Hueber Verlag, München
Druck und Bindung: Friedrich Pustet GmbH & Co. KG, Regensburg
Printed in Germany
ISBN 978-3-19-207913-9

Art. 530_25040_001_02

Vorwort

Übungen für zwischendurch hält, was der Titel verspricht. Das Buch bietet 130 kompakte Übungen (verteilt auf 13 Kapitel), die man zwischendurch zum Lernen einschieben kann: im Bus, im Wartezimmer, im Café oder wann immer sich ein kleines Zeitfenster dafür ergibt. Dabei werden grammatische Strukturen und Wortschatz gefestigt oder aufgefrischt und sicherlich hin und wieder ganz neu entdeckt.

Beachten Sie, dass es tatsächlich nicht sinnvoll ist, möglichst viele Übungen auf einmal zu machen. Cleverer und hirngerechter lernen Sie, wenn Sie häppchenweise üben, statt stundenlang zu pauken. Aus diesem Grund ist jede Übung eine kurze, in sich geschlossene Einheit: Lernen Sie besser täglich, aber dafür in überschaubaren Portionen. Die lockere Ansprache und die vielfältigen Übungsformen lassen dabei keine Langeweile aufkommen.

Die Themenbereiche (Substantive, Adjektive, Verben, ...), die in *Übungen für zwischendurch* behandelt werden, finden Sie auf den Seiten 4 bis 6 überblicksartig dargestellt. Im Inhaltsverzeichnis nach Kapiteln ab Seite 7 sehen Sie zu Ihrer besseren Orientierung neben jedem Übungstitel auch die Angabe der jeweiligen Niveaustufe (A1 = Anfänger, A2 = Grundkenntnisse oder B1 = fortgeschrittene Kenntnisse).

Eröffnet wird jede Übung mit einer Einleitung zum jeweiligen Thema. Mithilfe von Beispielsätzen werden Besonderheiten und Problemfälle erläutert. Anschließend folgt die Übung, die von einer Vokabelliste abgeschlossen wird.
Die Übungstypologien zeichnen sich durch eine große Vielfalt aus: Zuordnungsübungen, Lückentexte, Multiple Choice, Übersetzungen, Satzrekonstruktionen, Kreuzworträtsel usw. gehören zum Repertoire dieses Übungsbuches.

Selbstverständlich befinden sich am Ende des Buches zu allen Übungen die entsprechenden Lösungen sowie ein alphabetisches Wortregister.

Die Autoren und die Redaktion wünschen Ihnen viel Spaß und Erfolg mit den *Übungen für zwischendurch*!

¡Mucha suerte!

Inhalt nach Themen

Die Zahlenangaben beziehen sich auf die durchnummerierten Übungen.

Inhalt nach Kapiteln

Seite

Seite

Seite

Seite

Kapitel 13

1

1 *España es … ¡diferente!*

Cuando pienso en España … Von Spanien hat jeder seine eigenen Vorstellungen. Ein paar gängige Antworten auf die Frage, was man mit Spanien verbindet, finden Sie in der folgenden Übung.

Die folgenden Sätze enthalten Begriffe, die viele mit Spanien in Verbindung bringen. Ordnen Sie die Buchstaben in der Klammer.

a En La ____________ (oiRaj) se produce el vino ____________ (ointt) más famoso de España.
b La ____________ (pellaa) es el plato español más conocido en el mundo.
c El ____________ (irchzoo) se hace con carne de cerdo, tocino, ajo, pimentón, orégano y sal.
d En los bares españoles hay siempre ____________ (aaspt) de ____________ (iallrott) de patatas.
e El queso ____________ (aemngoch) se llama así porque se elabora en La Mancha.
f Para desayunar, mucha gente toma chocolate con ____________ (uochsrr).
g Cuando hace mucho calor, no hay nada como un buen ____________ (aazpgcho).
h Una ensalada sin __________________ (eiacte ed oilav) es impensable para un español.
i También es impensable no haber probado nunca el ____________ (ajómn) ibérico de bellota.
j No a todos los españoles les gusta el ____________ (eolfnmac).
k Tampoco a todos les gustan las ____________________ (oirrcasd ed ootrs).
l Pero no hay español al que no le guste el pescado ni el ____________ (aiosmrc).
m Parece que solo hablamos de comer y beber bien y de ____________ (ri ed aesbr), cuando España es mucho más que eso.

el plato	*hier* das Gericht
el tocino	der Speck
el pimentón	der Paprika *(Gewürz)*
elaborar	*hier* herstellen
impensable	undenkbar

2 *Una familia numerosa*

Nun steht die Großfamilie – *la familia numerosa* – im Mittelpunkt. Die Verwandtschaftsbezeichnungen enden auf *-o* für männliche und auf *-a* für weibliche Familienmitglieder. Beispiel: *el tí**o*** (der Onkel) – *la tí**a*** (die Tante).
Es gibt aber auch Verwandtschaftsbezeichnungen, die für die männliche und weibliche Form keinen gemeinsamen Wortstamm haben, z. B. *el padre* (der Vater) – *la madre* (die Mutter) oder *el yerno* (der Schwiegersohn) – *la nuera* (die Schwiegertochter).
Achtung! Der Plural *los padres* kann sowohl „die Väter" als auch „die Eltern" bedeuten. Wer gemeint ist, ergibt sich aus dem Zusammenhang.

Wählen Sie aus der Liste die jeweils passende Verwandtschaftsbezeichnung aus.

nietos novia sobrina hija abuelos primos madre
yerno hijo hermanos tío cuñados suegros marido
nuera abuela padre mujer

a La mujer de mi padre es mi ____________ .
b La madre de mi madre es mi ____________ .
c Los padres de mi padre son mis ____________ .
d Yo soy el ____________ de mis padres.
e Mis padres tienen otros hijos, que son mis ____________ .
f El hermano de mi padre es mi ____________ .
g Mi hermana está casada y tiene una niña, que es mi ____________ .
h Los maridos de mis hermanas son mis ____________ .
i El marido de mi hermana es el ____________ de mis padres.
j Mis padres son los ____________ de mi cuñado.
k Mi madre es la ____________ de mi abuelo materno.
l Mi tía tiene dos hijos, que son mis ____________ .
m Mi hermana y yo somos los ____________ de nuestros abuelos.
n Cuando me case con mi ____________ ella será la ____________ de mis padres.
o Mi padre es el ____________ de mi madre.
p El marido de mi madre es mi ____________ .
q Mi madre es la ____________ de mi padre.

el nieto / la nieta	der Enkel / die Enkelin
el sobrino / la sobrina	der Neffe / die Nichte
el primo / la prima	der Cousin / die Cousine
el cuñado / la cuñada	der Schwager / die Schwägerin
el suegro / la suegra	der Schwiegervater / die Schwiegermutter
estar casado	verheiratet sein
casarse (con)	heiraten

3 *Es gordo y lleva barba.* – Wer hat diese Person gesehen?

Aussehen und Charakter von Personen lassen sich auf unterschiedliche Weise beschreiben:

- *ser* + Adjektiv:
  Es alta y delgada y muy simpática. — Sie ist groß und schlank und sehr sympathisch.
- *ir* + Adjektiv bezieht sich auf das äußere Erscheinungsbild:
  Mi jefa siempre va muy arreglada. — Meine Chefin ist immer sehr gepflegt.
- *llevar* + Kleidungsstücke und andere „Accessoires":
  Lleva gafas y bigote. — Er hat eine Brille und einen Schnurrbart.
  Siempre lleva vaqueros. — Er trägt immer eine Jeans.
- *tener* + Körperteil und Haare:
  Tiene los ojos azules y el pelo rubio. — Sie hat blaue Augen und blonde Haare.

Beschreiben Sie jedes Merkmal der folgenden Personen in einem ganzen Satz.

a **Ana García Fernández** — *Se llama Ana García Fernández.*
1,68 m groß — *Mide uno sesenta y ocho.*
schlank
sehr gepflegt
blaue Augen
kleiner Mund und feine Lippen

lange, schwarze, glatte Haare
lange, lackierte Fingernägel
hübsch und sehr sympathisch
aber etwas nervös

b **Pablo Sánchez Solano**
1,87 m groß
dick
breite Schultern
graue Augen
lange Nase und große Ohren

kurze, graue Haare
Schnurrbart und Dreitagebart

unsympathisch
ungepflegt
Brillenträger

c **Carmen y Luisa González Molina**
Zwillinge
1,25 m groß
sehr schlank
braune Augen
keine Brillenträger
kurze, blonde, lockige Haare
freundlich und immer fröhlich

medir *(-i-)*	*hier* groß sein
fino	fein
el labio	die Lippe
liso	glatt
pintado	*hier* lackiert
la uña	der Fingernagel
el hombro	die Schulter
la barba de tres días	der Dreitagebart
desarreglado	ungepflegt
el gemelo	der Zwilling
rizado	lockig
risueño	fröhlich

4 *El* oder *la* – welchen Artikel nehme ich bloß?

Ob spanische Substantive mit der Endung *-e* maskulin oder feminin sind und mit dem männlichen Artikel *el* oder dem weiblichen *la* stehen, ist reine Lernsache. Der Vergleich mit dem jeweiligen deutschen Begriff ist keine Hilfe, denn häufig stimmt das Geschlecht (Genus) im Spanischen und im Deutschen nicht überein. Ein Beispiel: Die deutsche „Brücke" ist im Spanischen männlich *(el puente)*, der deutsche „Springbrunnen" dagegen weiblich *(la fuente)*.

Die *sopa de letras* (der Buchstabensalat) im Kasten auf der Seite gegenüber enthält – von links nach rechts und von oben nach unten – 20 häufig verwendete spanische Substantive, die auf *-e* enden. Finden und ordnen Sie sie den deutschen Entsprechungen zu. Geben Sie auch den dazugehörigen männlichen oder weiblichen bestimmten Artikel an.

1

T	P	A	C	E	I	T	E	C	M	U	E	B	L	E	C	I	S	L	Q
A	I	R	E	X	T	O	M	A	T	E	P	S	E	L	D	F	U	L	G
H	Z	D	E	P	O	R	T	E	C	B	C	C	C	K	A	I	L	A	A
V	C	P	S	I	W	R	Z	K	N	X	O	V	H	R	P	E	G	V	R
T	A	R	D	E	T	E	Q	H	P	A	C	K	E	S	G	B	U	E	A
W	L	S	L	Y	Z	D	F	A	L	N	H	T	Q	B	H	R	A	P	J
Q	L	P	C	H	O	C	O	L	A	T	E	L	E	A	G	E	N	T	E
T	E	M	U	B	I	L	L	E	T	E	S	F	R	S	V	E	T	A	Y
P	R	D	F	P	A	R	Q	U	E	A	X	S	U	E	R	T	E	Q	S

______	der Park
______	der Turm
______	der Nachmittag
el chocolate	die Schokolade
______	das Fieber
______	der Sport
______	die Fahrkarte
______	das Auto
______	die Garage
______	die Straße
______	das Möbelstück
______	die Leute
______	das (Speise-)Öl
______	der Handschuh
______	die Milch
______	der Schlüssel
______	der Fuß
______	die Tomate
______	die Luft
______	das Schicksal

5 Geschmäcker sind verschieden!

Möchten Sie Ihre Vorlieben und Abneigungen ausdrücken, können Sie das u. a. mit Wendungen wie *(no) me gusta / me gustan* oder *(no) me interesa / interesan* tun. Ist die Begeisterung besonders groß, nehmen Sie z. B. *me encanta/n*. Und wenn Sie etwas gerne tun würden, aber aus irgendeinem Grund nicht können, verwenden Sie z. B. *(no) me gustaría / gustarían*. Das Verb steht immer in der 3. Person Singular (+ Substantiv im Singular; + Verb im Infinitiv) oder Plural (+ Substantiv im Plural).

Übereinstimmungen oder Widersprüche drücken Sie folgendermaßen aus:

- Übereinstimmung mit einer Vorliebe → *también*
  ***Me gusta** bailar. – A mí **también**.* Ich tanze gerne. – Ich auch.
- Übereinstimmung mit einer Abneigung → *tampoco*
  ***No me gusta** bailar. – A mí **tampoco**.* Ich tanze nicht gerne. – Ich auch nicht.
- Widerspruch zu einer Vorliebe → *no*
  ***Me gusta** bailar. – A mí **no**.* Ich tanze gerne. – Ich nicht.
- Widerspruch zu einer Abneigung → *sí*
  ***No me gusta** bailar. – A mí **sí**.* Ich tanze nicht gerne. – Ich schon.

Setzen Sie die fehlenden Pronomen ein, wählen Sie die richtige Verbform und reagieren Sie, indem Sie den Piktogrammen folgen (☺ = Übereinstimmung, ☹ = Widerspruch)

a *Una pareja en un restaurante:*

– De postre voy a tomar helado de chocolate. ¡ _______ **encanta / encantan** el helado!

~ A mí ☹ _______ . Ya sabes que a mí no _______ **gusta / gustan** nada los dulces.

b *Tres amigos en un bar:*

– Miguel, ¿qué te parece si vamos el sábado al partido amistoso de la selección contra Alemania? ¡Chico, es que a mí _______ **gusta / gustan** muchísimo los partidos internacionales.

~ A mí ☹ _______ . El fútbol no _______ **interesa / interesan** demasiado.

• A mí ☹ _______ . Prefiero el baloncesto.

c *Dos amigas en una zapatería:*
– Mira, Isabel, estos zapatos de tacón alto serán muy elegantes, pero a mí no _______ **gusta / gustan**.
~ A mí ☺ _______ . Son italianos y los prefiero a los que fabrican aquí.

d *Dos amigas:*
– ¡Qué enamorado está Carlos! Todas las semanas le envía bombones a Alicia.
~ ¿Ah, sí? Yo creía que a Alicia no _______ **gustaba / gustaban** el chocolate.
– En cuanto a mí, a mí _______ **gustaría / gustarían** más que mi novio me enviara flores.
~ A mí ☺ _______ .

e *Dos madres:*
– A mis hijos _______ **gusta / gustan** muchísimo la tortilla de patatas. Podrían comerla todos los días.
~ A los míos ☹ _______ . A Juan no _______ **gusta / gustan** las patatas, y a Teresa y a Luis no _______ **gusta / gustan** los huevos. Y sin patatas y sin huevos... ¡pues no hay tortilla de patatas!

f *Dos chicos:*
– Ramón, ¿ _______ **gusta / gustan** jugar al ajedrez?
~ Sí, bastante. Pero _______ **gusta / gustan** aún más los videojuegos.
– A mí ☹ _______ . Es muy aburrido estar sentado delante de la pantalla y jugar solo.

g *Tres señoras en un café:*
– Marta y Carmen, ¿no _______ **gustaría / gustarían** ir esta noche al concierto de Paco de Lucía?
~ Lo siento, pero a mí, no _______ **gusta / gustan** mucho ni la música de guitarra ni el flamenco.
• A mí ☹ _______ . Pero ¿le has preguntado ya a Luisa? Creo que a ella _______ **encanta / encantan** Paco de Lucía.

el partido amistoso	das Freundschaftsspiel
la selección	die Nationalmannschaft
el baloncesto	der Basketball *(Sportart)*
el tacón	der Absatz
... que me enviara flores	..., dass er mir Blumen schickte
el ajedrez	das Schachspiel
el videojuego	das Videospiel
la pantalla	der Bildschirm
Paco de Lucía	*spanischer Flamenco-Gitarrist (1947–2014)*

6 Doppelt hält besser! – Die doppelte Verneinung

Im Spanischen haben Sie folgende Möglichkeiten zur Verneinung:

- *no* (vor dem konjugierten Verb / bei Pronomen + Verb vor dem Pronomen):
  ***No** me lo has dicho.* — Du hast es mir nicht gesagt.
- *no* und ein anderes Verneinungswort (z. B. *nada*, *nunca*).
  ***No** te lo diré **nunca**. / **Nunca** te lo diré.* — Ich werde es dir nie sagen.

  Bei dieser doppelten Verneinung steht *no* vor dem Verb bzw. vor Pronomen + Verb, das andere Verneinungswort dahinter. Wird das Verneinungswort dem Verb vorangestellt, ist *no* nicht notwendig.

  Die Kombination *no* und Verneinungswort wird im Deutschen oft positiv übersetzt:

  ***No** he dicho **<u>nada</u> a nadie**.* — Ich habe **niemandem <u>etwas</u>** gesagt.
- *no ... ni / no ... ni ... ni*:
  ***No** hablo **(ni)** inglés **ni** francés.* — Ich spreche weder Englisch noch Französisch.

  Steht *ni* am Anfang, entfällt *no*:
  ***Ni** hablo inglés **ni** francés.* — Weder spreche ich Englisch noch Französisch.

Ergänzen Sie mit der passenden Verneinung.

nada (6×) nadie (4×) nunca (3×) ningún
no (9×) ni (6×) sin nada (2×)

a Este pueblo es muy aburrido, ________ pasa ________ .
b El niño ________ sabe ________ leer ________ escribir.
c ________ sabrá ________ el verdadero origen de aquel escándalo.
d ¿Tú crees que ________ lo sospecha ________ ?
e Aquí alguien ________ dice la verdad.
f ¿ ________ estudia ________ trabaja? ¡Qué vago!
g Estoy desesperada: el sábado tengo una boda y estoy ________ que ponerme.
h ¿ ________ tienes ________ que ponerte? Tranquila, yo te presto mi traje.
i ¿Por qué ________ me cuentas tus cosas? ¡ ________ me dices ________ !
j Es terrible, esta noche ________ he dormido ________ .
k ¡De las cosas de la familia tú ________ digas ________ a ________ !
l El pobre mendigo pasó el invierno casi ________ de leña.
m ________ acepta ________ regalo de su suegra.
n Hay días en que ________ escucha a ________ .
o ________ queso manchego ________ vino de Rioja: a mí ________ me gusta tanto como el jamón de Jabugo.

sospechar	verdächtigen
el vago	der Faulpelz
desesperado	verzweifelt
el traje	*hier* das Kostüm
el mendigo	der Bettler
la leña	das Brennholz
la suegra	die Schwiegermutter
el queso manchego	*Käse aus La Mancha*
Jabugo	*Ort in der Provinz Huelva*
el jamón de Jabugo	Schinken aus Jabugo *(gilt als besondere Delikatesse)*

7 *¿Vamos a o vamos en?* – Der Kampf mit den Präpositionen!

Thema dieses Kapitels sind die Präpositionen *a* und *en* in Verbindung mit dem Verb *ir* und die Präposition *en* in Verbindung mit *estar*.

- *ir + a* gibt die Richtung an (Frage: Wohin geht / fährt man?):
  ***Voy a** España.* — Ich fahre nach Spanien.
  ***Vamos a** la playa.* — Wir gehen zum Strand.
  *¿**Vas al** cine?* — Gehst du ins Kino?
  Achtung: *a + el* wird zu *al*!
- *ir + en* verwendet man mit Verkehrsmitteln (Frage: Wie fährt man?):
  ***Van en** coche.* — Sie fahren mit dem Auto.
  Aber: *ir **a** pie* → zu Fuß gehen — *ir **a** caballo* → reiten
- *estar + en* gibt an, wo man sich befindet (Frage: Wo bist du/befindest du dich?):
  *Los niños **están en** la escuela.* — Die Kinder sind in der Schule.

Übersetzen Sie die folgenden Sätze ins Spanische.

a Carmen geht jeden Samstag ins Fitnessstudio.

b Wie fährst du ins Büro? – Manchmal fahre ich mit dem Auto und manchmal mit der S-Bahn.

c Warum gehst du nicht zu Fuß nach Hause? – Weil ich lieber mit dem Fahrrad fahre.

d Seid ihr schon einmal in Barcelona gewesen?

e Im Sommer fahren wir immer nach Ronda. Erst fliegen wir bis Málaga und dort mieten wir dann ein Auto.

f Ist deine Mutter zu Hause? – Nein, sie ist heute Morgen in die Stadt gefahren.

g 2020 fährt er nach Tokio zu den Olympischen Spielen.

____

h Ich bin noch nie mit dem Schiff nach New York gefahren.

____

i Er fährt nicht gerne mit dem Zug, er fliegt lieber.

____

j Wann fahrt ihr auf die Kanarischen Inseln?

____

todos los sábados	jeden Samstag
el gimnasio	das Fitnessstudio
a veces	manchmal
el tren de cercanías	die S-Bahn
preferir *(-ie-)* hacer a.c.	etw. lieber tun
alquilar	mieten
los Juegos Olímpicos	die Olympische Spiele

8 *¡Cuidado!* – Falsche Freunde! I

Falsche Freunde sind Wörter, die in der Muttersprache und der Fremdsprache gleich oder ähnlich aussehen, aber verschiedene Bedeutungen haben. So ist der spanische *artista* kein deutscher „Artist". *Artista* bedeutet „Künstler", „Artist" heißt auf Spanisch *acróbata*.

Geben Sie die fehlenden Begriffe an.

a	*mantel*	→ ______	Mantel	→ ______
b	*firma*	→ ______	Firma	→ ______
c	*gimnasio*	→ ______	Gymnasium	→ ______
d	*regalo*	→ ______	Regal	→ ______
e	*raíz*	→ ______	Reis	→ ______
f	*vaso*	→ ______	Vase	→ ______

g	*grifo*	→	___	Griff →	___
h	*bombón*	→	___	Bonbon →	___
i	*provisión*	→	___	Provision →	___
j	*tesoro*	→	___	Tresor →	___
k	*cofre*	→	___	Koffer →	___
l	*desierto*	→	___	Dessert →	___
m	*camino*	→	___	Kamin →	___
n	*carta*	→	___	Karte →	___
o	*mapa*	→	___	Mappe →	___
p	*ensalada*	→	___	(Kopf-)Salat →	___
q	*noticia*	→	___	Notiz →	___

9 Eine schwierige Entscheidung: *¿Hay o estar?*

Hay (deutsch: „es gibt") gibt an, dass eine unbestimmte Person oder Sache allgemein vorhanden ist. *Hay* ist unveränderlich und steht mit Substantiven mit unbestimmtem Artikel *(¿Sabe Ud. si **hay** un banco por aquí?)*, ohne Artikel *(En esta ciudad **hay** teatros, cines, museos, ...)*, mit Zahlen *(**Hay** cinco bancos en esta calle.)* oder Zahlwörtern *(En Roma **hay** muchas iglesias)*.
Mit *está* oder *están* gibt man an, wo sich eine bestimmte Person oder Sache befindet. Das Substantiv steht mit dem bestimmten Artikel *(El restaurante »La Paella« **está** en la Plaza Mayor.)*, mit einem Possessivbegleiter *(¿Dónde **están** tus padres?)* oder mit einem Demonstrativbegleiter *(Este monumento de la foto **está** en Madrid)*.

Entscheiden Sie, welches Verb richtig ist.

a En Madrid ___ un parque llamado El Retiro.
☐ está ☐ están ☐ hay

b ¡Mamá, mamá, en el jardín ___ tres gatos negros!
☐ está ☐ están ☐ hay

c La antena colectiva de este edificio ________ en mi tejado.
☐ está ☐ están ☐ hay

d Claudia, ¿sabes dónde ________ mis llaves?
☐ está ☐ están ☐ hay

e Perdón, ¿ ________ en este pueblo alguna gasolinera?
☐ está ☐ están ☐ hay

f Por la noche, en verano, ________ mucha gente por la calle.
☐ está ☐ están ☐ hay

g Los niños ________ en el cine.
☐ está ☐ están ☐ hay

h ¿ ________ ya nieve en las montañas de León?
☐ Está ☐ Están ☐ Hay

i En Doñana ________ el Parque Natural más famoso de España.
☐ está ☐ están ☐ hay

j A menudo los mejores futbolistas del mundo ________ en el Real Madrid.
☐ está ☐ están ☐ hay

k ¿ ________ leones en este zoo?
☐ Está ☐ Están ☐ Hay

l Esa estatua de Cervantes ________ en Alcalá de Henares.
☐ está ☐ están ☐ hay

la antena colectiva	die Gemeinschaftsantenne
el tejado	das Dach
la gasolinera	die Tankstelle
a menudo	oft
el león	der Löwe
la estatua	die Statue

10 Kleider machen Leute

Wie heißen die unten beschriebenen Kleidungsstücke? Tragen Sie die Bezeichnungen in das Rätselgitter ein.

Horizontales

4 Sin ellos resulta desde luego más difícil caminar por la calle.
6 Algunos lo llaman también suéter, otros pulóver.
8 Prenda de vestir femenina que cae desde la cintura.
9 Pantalones muy resistentes casi siempre azules y 100 % algodón.
12 En un traje de dos piezas no es ni la falda ni el pantalón.
13 Mucha gente se las calza apenas entra en casa.
14 Son para las manos lo que los calcetines son para los pies.
15 Prenda de vestir larga que se pone para protegerse del frío.
16 En las carreras de caballos de Ascot las mujeres lo llevan siempre puesto.

Verticales

1 Es parecida a una camisa, pero solo la usan las mujeres.
2 A esta prenda nunca se le desgastarán las mangas.
3 Muchas chicas sueñan con uno blanco y largo para el día de su boda.
5 Para llevarla bien puesta hay que hacerle un nudo.
7 Se ponen en los pies, antes de calzarse los zapatos.
10 Ligera, con botones y mangas, generalmente la llevan los hombres.
11 Son muchas las mujeres que duermen con él.

la prenda de vestir	das Kleidungsstück
la cintura	die Taille
el algodón	die Baumwolle
calzarse	sich anziehen (Schuhe)
apenas	kaum
la carrera de caballos	das Pferderennen
parecido	ähnlich
desgastar	abnutzen
la manga	der Ärmel
soñar *(-ue-)* con	träumen von
la boda	die Hochzeit
el nudo	der Knoten
el botón	der Knopf

11 Griechischer Wein und spanische Tapas

Nationalitätenadjektive geben Ursprung und Herkunft von Personen und Sachen an (z. B. *italiano / italiana → italianos / italianas*). Beachten Sie:

- Endung auf Konsonant:
  *alemán (m) / leman**a** (f) → aleman**es** (m) / alemana**s** (f)*
- Endung auf *-e*, *-í*, *-u* und *-a*:
  *estadounidens**e** (m + f) → estadounidens**es** (m + f); israel**í** (m + f) → isral**íes** (m + f); hind**ú** (m + f) → hind**úes** (m + f), belg**a** (m + f) → belg**as** (m + f)*

Außerdem stimmen die Bezeichnung der Bewohner eines Landes *(los suizos, las francesas)* und der Sprache *(habla español)* mit dem Adjektiv überein.

Setzen Sie die passende Nationalität in der richtigen Form ein.

a El tenista ______________ Boris Becker ganó tres veces el campeonato de Wimbledon y el ciclista ______________ Miguel Indurain cinco veces el Tour de Francia.
b No hay que confundir a los ______________ , que son los ciudadanos de Austria, con los ______________ , que son de Australia.
c La bandera ______________ es una cruz blanca sobre fondo rojo y la bandera ______________ es una cruz amarilla sobre fondo azul.
d El escritor Hans Christian Andersen era ______________ y F. Dostojewski era ______________ .
e No todo el mundo sabe bailar bien un tango ______________ .
f En Bruselas, el Atomium es el símbolo de la capital ______________ , lo mismo que la Torre Eiffel de París lo es de la capital ______________ .
g Los habitantes de Iraq se llaman ______________ y los de Marruecos ______________ .
h La pizza ______________ , la paella ______________ , el gulash ______________ , el Doner Kebab ______________ y el sushi ______________ son platos conocidos internacionalmente.
i El Papa Juan Pablo II era ______________ .
j La sauna es un invento ______________ .
k La Acrópolis y el Partenón son monumentos ______________ .
l La Gran Muralla ______________ es una construcción de 7.300 km.
m La selección ______________ de fútbol se viste de color naranja.
n Bergen es una de las más bellas ciudades ______________ .

el tenista	der Tennisspieler
el ciclista	der Radfahrer
confundir	verwechseln
el ciudadano	der Staatsbürger
la bandera	die Flagge
el fondo	der Hintergrund
lo mismo que	(genau)so wie
la selección de fútbol	die Fußballnationalmannschaft
vestirse *(-i-)*	sich kleiden

12 Ein Wort – zwei Artikel

Sind Sie von *la cólera* (= Wut) oder *el cólera* (= Cholera) befallen? Es gibt spanische Substantive, deren Bedeutung vom Genus abhängt, d.h. ob sie mit dem maskulinen Artikel *el / un* oder dem femininen Artikel *la / una* stehen. Dazu gehören:

el capital	→ das Kapital	**la** capital	→ die Hauptstadt
el parte	→ der Bericht	**la** parte	→ der Teil
el cura	→ der Pfarrer	**la** cura	→ die Kur
el orden	→ die Ordnung	**la** orden	→ der Befehl; der (Mönchs-)Orden; der Orden (Auszeichnung)
el coma	→ das Koma	**la** coma	→ das Komma
el pez	→ der Fisch	**la** pez	→ das Pech (Material)
el coral	→ die Koralle	**la** coral	→ der Chor
el cometa	→ der Komet	**la** cometa	→ der (Flug-)Drachen

***El* oder *la*, *un* oder *una*? Nur wenn Sie richtig entscheiden, ergeben die folgenden Sätze einen Sinn.**

a León es ________ capital de provincia muy tranquila.
b Las palabras del empresario provocaron ________ cólera de los empleados.
c La policía recibió ________ orden de disolver la manifestación.
d En la playa, los niños arrojan ________ cometas de papel al viento.
e Tras el accidente, tardó varios meses en despertar (de) ________ coma.
f ________ cura viene todos los días a hacerse ________ cura a este hospital.

g Claudia canta en __________ coral del pueblo.
h Madre Teresa de Calcuta fundó __________ orden de las Misioneras de la Caridad.
i __________ parte meteorológico prevé fuertes lluvias para mañana.
j Antiguamente __________ pez se usaba para calafatear los barcos.
k __________ capital que tiene lo consiguió trabajando en __________ capital.
l No entiendo __________ parte del texto que trata sobre el filósofo alemán Kant.
m __________ pez globo se hincha cuando se siente en peligro.
n __________ cometas dejan una estela de luz blanca en el cielo nocturno.
o Antes __________ coral se utilizaba mucho en joyería para hacer collares.

disolver *(-ue-)* la manifestación	die Kundgebung auflösen
arrojar al viento	*hier* im Wind steigen lassen
tras	nach (zeitlich)
tardar	dauern
despertar *(-ie-)*	aufwachen
fundar	gründen
prever	vorhersagen
calafatear	kalfatern, abdichten
conseguir *(-i-)*	erlangen
globo	*hier* Kugel-
hincharse	sich aufblähen
el peligro	die Gefahr
dejar	*hier* hinterlassen
la estela de luz	die Leuchtspur
el collar	die Halskette

13 Wer kann, der kann.

Das deutsche Verb „können" hat im Spanischen zwei Entsprechungen:

- Mit *poder* gibt man an, dass man bereit oder aufgrund der Situation in der Lage ist, etwas (nicht) zu tun:
  No puedo salir contigo porque tengo mucho trabajo. — Ich kann nicht mit dir ausgehen, weil ich viel Arbeit habe.
- Mit *saber* bringt man zum Ausdruck, dass man gelernt hat bzw. über die Kenntnisse verfügt, etwas zu tun:
  Saben hablar español. — Sie können Spanisch sprechen.

Entscheiden Sie, welches Verb richtig ist.

a	¿ _______ pagar con tarjeta?	☐ Puedo	☐ Sé
b	No _______ tomar el vuelo para Berlín, porque hay huelga.	☐ podemos	☐ sabemos
c	María _______ tocar el piano muy bien, pero	☐ puede	☐ sabe
	ahora no _______ porque se rompió la mano.	☐ puede	☐ sabe
d	Hace mucho calor. ¿ _______ abrir la ventana, por favor?	☐ Podrías	☐ Sabrías
e	Me gustaría mucho ir contigo a la fiesta latina, pero no _______ bailar ni tango ni salsa.	☐ puedo	☐ sé
f	¿Me _______ dejar tu bolígrafo un momento?	☐ puedes	☐ sabes
g	Mi tío _______ hablar chino bastante bien,	☐ puede	☐ sabe
	pero no _______ escribirlo.	☐ puede	☐ sabe
h	¿ _______ patinar ? – Sí, desde pequeñas.	☐ Podéis	☐ Sabéis
i	Bien, _______ patinar, pero aquí no	☐ podéis	☐ sabéis
	_______ hacerlo, porque está prohibido.	☐ podéis	☐ sabéis
j	¿Te _______ ayudar?	☐ puedo	☐ sé
	– Sí, si _______ manejar la batidora,	☐ puedes	☐ sabes
	_______ montar la nata.	☐ podrías	☐ sabrías

la huelga	der Streik
patinar	Schlittschuh / Rollschuh laufen
manejar	handhaben
la batidora	der Mixer
montar la nata	Sahne schlagen

14 *Todo el santo día …* – Den lieben langen Tag …

Formal ist der Unterschied klein – Singular oder Plural. Ein großer Unterschied ist es aber, ob Sie z. B. *todo el día* – „den ganzen Tag" – und das vielleicht nur ein einziges Mal oder *todos los días* – „jeden Tag" – etwas tun.

- *todo/-a* + bestimmter Artikel + Substantiv im Singular: „der/die/das ganze"
- *todos/-as* + bestimmter Artikel + Substantiv im Plural: „alle", „jeder/-e/-es"
- *cada* (unveränderlich) oft in Verbindung mit *uno, una* oder mit *cual*: „alle", „jeder/-e/-es" (einzelne)

Cada dos días voy al gimnasio.	Ich gehe alle zwei Tage (= jeden zweiten Tag) ins Fitnessstudio.
Cada participante en el concurso recibe un premio.	Jeder (einzelne) Wettbewerbsteilnehmer erhält einen Preis.
Llamé a cada una de ellas.	Ich habe jede (einzelne) von ihnen angerufen.

Übersetzen Sie den Ausdruck in der Klammer.

a Cuando estamos de vacaciones vamos (jeden Tag) ________ a la playa.
b Tienes que tomar esta medicina (alle vier Stunden) ________ .
c No falla: (Jedes Mal) ________ que lavo el coche, llueve.
d Se pasó (das ganze Leben) ________ trabajando en el campo.
e (Jeder) ________ loco con su tema y (jedes) ________ oveja con su pareja.*
f Si dividimos 100 € entre los dos, tocamos a 50 € (jeder einzelne) ________ .
g (Jeden Abend) ________ leo un rato antes de dormir.
h (Jeder einzelne) ________ sabe lo que debe hacer con su vida.
i (Alles Gold) ________ del mundo no basta para comprar la felicidad.
j ¿Vecinos que hacen ruido? Esto es aquí el pan nuestro (jeden Tages) ________ .
k Los abuelos le dieron 20 € a (jedem Enkel) ________ .
l (Jedes Jahr) ________ , por Navidad, nos felicita las Fiestas.
m Por (jeden Euro) ________ que gastamos en lotería el Estado gana 60 céntimos.
n (Den ganzen Vormittag) ________ me ha estado doliendo una muela.
o (Jeder einzelne) ________ es como es.

no falla	das ist ganz sicher
** (spanisches Sprichwort)*	Jedem Tierchen sein Pläsierchen.
el vecino	der Nachbar
hacer ruido	Krach machen
felicitar las Fiestas	ein frohes Fest wünschen
gastar	ausgeben
la muela	der Backenzahn

15 Pünktlichkeit ist eine Zier!

In Verbindung mit Zeitangaben werden folgende Präpositionen gebraucht:
- genaue Uhrzeit → *a: a las seis* (um sechs Uhr)
- ungefähre Uhrzeit → *sobre, hacia, a eso de: Te voy a llamar sobre / hacia / a eso de las diez.* (Ich werde dich etwa um zehn Uhr anrufen.)
- Uhrzeit mit Angabe der Tageszeit → *de: a las seis de la mañana* (um sechs Uhr morgens)
- Monat, Jahr, Jahreszeit → *en: en mayo* (im Mai), *en 2008* (im Jahr 2008), *en otoño* (im Herbst)
- Zeitangabe in der Zukunft → *para: Este pastel es para mañana.* (Dieser Kuchen ist für morgen.)
- Tageszeit ohne Angabe der Uhrzeit → *por: por la noche* (nachts)
- Wochentage, Datum → mit bestimmtem Artikel und ohne Präposition: *el lunes* (am Montag), *los lunes* (immer montags / montags), *cinco de mayo* (der 5. Mai), *el seis de enero* (am 6. Januar), *el año pasado* (im vergangenen Jahr)

Übersetzen Sie die folgenden Sätze:

a Ich habe im Februar Geburtstag.

____

b Um wie viel Uhr kommt der Zug an? – Um zehn Uhr abends.

____

c Dienstags morgens geht sie immer ins Fitnessstudio.

____

d Wann gehst du joggen, um sieben Uhr morgens oder um sieben Uhr abends?

e Ich habe für neun Uhr einen Tisch im Fischrestaurant »Rías Baixas« bestellt.

f Morgens geht sie ins Büro, am Nachmittag ist sie zu Hause.

g Unsere Tochter ist am 5. Juli 1996 geboren.

h Wir sind gestern gegen Mitternacht nach Hause gekommen.

i Früher fuhren sie immer im Frühling in den Urlaub.

j Meine Eltern haben im Oktober 1990 geheiratet.

k In der letzten Woche war er krank.

l Müssen Sie am nächsten Samstag auch arbeiten? – Nein, samstags habe ich immer frei.

el gimnasio	das Fitnessstudio
salir a correr	joggen gehen
la marisquería	das Fischrestaurant
nacer	geboren werden
(... nació)	*(... ist geboren)*
llegar a casa	nach Hause kommen
(llegamos ...)	*(wir sind ... gekommen)*
irse de vacaciones	in Urlaub fahren
(se iban ...)	*(sie fuhren ...)*
casarse	heiraten
(se casaron)	*(sie haben geheiratet)*
estar enfermo	krank sein
(estuvo enfermo)	*(er war krank)*

16 *¿Quién? ¿Cuándo? ¿Dónde?* – Keine Antwort ohne Frage.

"¿" – Nein, das ist kein Druckfehler, sondern der Anfang einer spanischen Frage. Das umgekehrte Fragezeichen steht manchmal sogar mitten in einem Satz an der Stelle, an der die eigentliche Frage beginnt: *Y tú, **¿**cómo te llamas?*
Achtung: Fragewörter tragen immer einen Akzent, auch in einer indirekten Frage:

*¿C**ó**mo te llamas?*	Wie heißt du?
*Me ha preguntado c**ó**mo me llamo.*	Er hat mich gefragt, wie ich heiße.

Wie lautet die Frage zur Antwort? Verbinden Sie.

a ¿De dónde eres?
b ¿Cuándo quedamos?
c ¿Por qué no me llamaste anoche?
d ¿Cuántos años tienes?
e ¿Adónde fuisteis?
f ¿Cómo llegaron Uds.?
g ¿Para qué sirve un sacacorchos?
h ¿Qué quiere tomar?
i ¿Quién te ha regalado este libro?
j ¿De quién estás hablando?
k ¿A qué os dedicáis?
l ¿Quiénes son estas señoras?

- ☐ Para abrir las botellas de vino.
- ☐ Treinta y seis.
- ☐ Me dejé el móvil en la oficina.
- ☐ Un bocadillo de queso, por favor.
- ☐ En tren.
- ☐ De mi jefa.
- ☐ Primero fuimos al cine y después a un bar.
- ☐ El jueves a las cinco.
- ☐ De Berlín.
- ☐ Mi tío Alberto.
- ☐ Son mis vecinas.
- ☐ Mi mujer es profesora y yo soy arquitecto.

el sacacorchos	der Korkenzieher
dejarse	*hier* zurücklassen
el móvil	das Handy

17 *¿Para ti o por ti?* – Ich tu alles für dich!

Nehme ich *para* oder *por*? Diese Frage bereitet oft Kopfzerbrechen. Nachfolgend der wichtigste Gebrauch im Überblick:

PARA	POR
– **„um zu“:** *Han venido para ayudarte.* (Sie sind gekommen, um dir zu helfen.)	– **Ursache / Grund:** *No van a venir por la nieve.* (Sie werden wegen des Schnees nicht kommen.)
– **Richtung / Ziel:** *un tren para Sevilla* (ein Zug nach Sevilla)	– **ungefähre Ortsangabe / Durchgangsort:** *un paseo por el bosque* (ein Spaziergang durch den Wald)
– **Empfänger:** *flores para mi madre* (Blumen für meine Mutter)	– **Mittel:** *informaciones por e-mail* (Informationen per E-Mail)
– **Menge:** *un piso para cinco personas* (eine Wohnung für fünf Personen)	– **Urheber:** *El cuadro fue pintado por Picasso.* (Das Bild wurde von Picasso gemalt.)
– **Termin:** *una mesa reservada para las ocho* (ein für acht Uhr reservierter Tisch)	– **Tageszeit:** *por la tarde* (am Nachmittag)
– **Meinung:** *Para mí no es importante tener dinero.* (Für mich ist es nicht wichtig, Geld zu haben.)	– **Preis:** *una casa por medio millón de euros* (ein Haus für eine halbe Million Euro)
	– **„zugunsten von“ / „anstelle von“ / „zuliebe von“:** *Trabaja por ti.* (Er arbeitet für dich / anstelle von dir / dir zuliebe.)

Ein Beispiel, das den Unterschied besonders deutlich macht:

Hago los calcetines para ti. Ich stricke die Socken für dich. (= du bekommst sie als Geschenk)

Hago los calcetines por ti. Ich stricke die Socken für dich. (= an deiner Stelle, weil du vielleicht keine Zeit dazu hast)

¿*Para o por?* Tragen Sie die richtige Präposition ein.

a ¿A qué hora sale el tren _______ Segovia, _______ favor?
b Se corre mejor _______ el campo que _______ el asfalto de la ciudad.
c ¿Mandaste el paquete _______ correo certificado?
d El móvil es _______ ti y la cámara _______ tu hermana.
e Don Quijote de la Mancha fue escrito _______ Miguel de Cervantes.
f _______ las mañanas trabajo en un supermercado y _______ las tardes en un bar.
g _______ mí la culpa de todo la tiene Fernando.
h Alba, ¿puedes hacer _______ mí la guardia del jueves? La próxima semana hago yo _______ ti la tuya.
i ¿ _______ qué sirve esta máquina?
– _______ tostar café.
j Me he tenido que comprar un abrigo _______ no pasar frío.
k ¡ _______ tu culpa se me ha caído el vaso!
l ¡Te compro la moto _______ 1000 €! – No, no te la vendo ni _______ mil ni _______ dos mil.
m ¡Camarero, _______ favor, una ración de gambas _______ dos!
n Era tan alto que casi no cabía _______ la puerta.
o Este trabajo tiene que estar hecho _______ mañana.

Don Quijote y Sancho Panza

el correo certificado	das Einschreiben
la culpa	die Schuld
la guardia	die Aufsicht (Schulpause)
tostar café *(-ue-)*	Kaffee rösten
el abrigo	der Mantel
pasar frío	frieren
comprar	*hier* abkaufen
ni ... ni	weder ... noch
caber	*hier* (durch)passen
estar hecho	fertig sein

18 Wortschatz im Kontext: *Comprando ropa*

Sie brauchen neue Kleidung? Wenn Sie diese in Spanien kaufen möchten, sollten Sie sich mit der folgenden Übung darauf vorbereiten. Sie enthält nämlich viele Ausdrücke, die Ihnen dabei nützlich sein könnten.

Ergänzen Sie das Gespräch zwischen Verkäuferin (■) und Kundin (●) mit den passenden Wörtern aus der Liste.

prefiero blanca pequeña a cuadros llevo gracias corta
probadores algodón estoy buscando a rayas talla caja
queda cuesta probármela sin elegante mangas

■ Buenas tardes, señora. ¿Qué desea?
● Buenas tardes, ____________ una blusa.
■ Muy bien. ¿Qué ____________ necesita?
● La 38.
■ Las blusas de la 38 están aquí. ¿De qué color la quiere?
● ____________, quizá rosa...
■ ¿Y de qué la quiere? ¿De ____________, de fibra...?
● La ____________ de algodón. ____________ polyester.
■ ¿Qué le parece esta ____________ blancos y rosa?
● No sé. Es para la oficina. ¿No la tiene en un solo tono, blanca o rosa, o ____________, quizá? Sería más ____________.
■ ¿Una cosa así? ¿Esta blanca con la rayita rosa?
● Sí. Esa me gusta. ¿Puedo ____________?
■ Por supuesto. Los ____________ están allí enfrente.
● Gracias.

(...)

■ ¿Qué tal, señora, cómo le queda?
● Me ____________ un poco ancha. ¿No tiene una talla más ____________?
■ A ver... Sí, pruébese esta otra, esta es una 36.

(...)

● ¡Qué lástima! Esta me está larga de ____________.
■ Aquí tengo otro modelo de manga más ____________. Pruébese esta.

(...)

- ● Sí, esta me queda muy bien. ¿Cuánto ________________ ?
- ■ 49 euros.
- ● Vale. Me la ________________ .
- ■ Entonces puede pasar por ________________ . No se preocupe. Yo le llevo allí la blusa.
- ● Muchas ________________ .
- ■ A usted. Adiós, señora.
- ● Adiós.

a cuadros	kariert
el algodón	die Baumwolle
a rayas	gestreift
la manga	der Ärmel
la fibra	die (Kunst-)Faser
en un solo tono	einfarbig
la rayita	der feine Streifen
¡Qué lástima!	Wie schade!

19 *La chica del pelo rubio*

Die spanische Präposition *de* wird in vielen Situationen verwendet. Hier noch einmal einige der wichtigsten auf einen Blick:

- Material: *un anillo de oro* (ein Goldring)
- Nationalität und Herkunft: *naranjas de España* (Orangen aus Spanien)
- Entsprechung für deutsche zusammengesetzte Substantive: *un bocadillo de queso* (ein Käsebrötchen)
- Mengenangaben: *una botella de vino* (eine Flasche Wein)
- Besitz und Zugehörigkeit: *el coche de Miguel* (Miguels Auto)
- mit Eigennamen: *la provincia de Granada* (die Provinz Granada)
- Angabe von bestimmten Eigenschaften: *la chica del pelo rubio* (das Mädchen mit den blonden Haaren) oder *la casa de la esquina* (das Haus an der Ecke)
- Zeitangaben: *el 24 de mayo de 2018* (der 24. Mai 2018), *el mes de marzo* (der Monat März)
- feststehende Ausdrücke: *de niño* (als Kind), *de vista* (vom Sehen)

Übersetzen Sie den Ausdruck in der Klammer und geben Sie im Anschluss an, welcher Funktion der jeweilige Ausdruck mit *de* entspricht.

a La chica *de la melena* ______ (mit dem langen Haar) es mi prima. *Eigenschaft*
b Esta finca era ______ (meinen Großeltern). ______
c La novia llevaba ______ (ein Seidenkleid). ______
d ______ (Der Monat Januar) es el más crudo en Teruel. ______
e En la casa ______ (an der Ecke) vive mi mejor amigo. ______
f Estos chorizos son ______ (aus Salamanca). ______
g Tengo muy poca ______ (Winterkleidung). ______
h Te apetece ______ (eine Tasse Tee)? ______
i El bus ______ (um halb acht) llega siempre tarde. ______
j ______ (Als Kind) viví en Burgos. ______
k ______ (Wenn ich groß bin) quiero ser enfermera. ______
l El chico ______ (auf dem Foto) es mi primo. ______
m ______ (Die Stadt Segovia) es famosa por su acueducto. ______
n Conozco a su novio solo ______ (vom Sehen). ______

la finca	der Bauernhof
crudo	rau, hart
apetecer *(-zc-)*	Lust haben
mayor *(Steigerung von* grande*)*	*hier* groß
el acueducto	das Aquädukt

20 *¡Qué lujo!* – Doppelhaushälfte mit Pool im Garten

Jedes Zimmer hat eine bestimmte Funktion. In der Küche wird gekocht, Gäste empfängt man im Wohnzimmer. Bei den Zimmern, die in diesem *crucigrama* erfragt werden, sind die Funktionen etwas durcheinander geraten.

Das unterstrichene Zimmer ist falsch. Finden Sie das richtige und tragen Sie es in das Rätselgitter ein.

Horizontales

1 Almacenamos alimentos en la terraza.
4 Mi madre prepara las comidas en el baño.
5 Comemos en el garaje.
8 Tomamos el sol en el despacho.
9 Mi padre hace bricolaje en el salón.
10 Aparcamos el coche en el dormitorio.
12 Dormimos en la cocina.

Verticales

2 Recibimos a las visitas en el desván.
3 Nadamos en el taller.
6 Guardamos los trastos en la piscina.
7 Mi padre trabaja en la despensa.
11 Nos duchamos en el comedor.

almacenar	lagern
los alimentos	die Lebensmittel
el despacho	das Arbeitszimmer
hacer bricolaje	heimwerken
las visitas	die Besucher, der Besuch
el desván	der Dachboden
el taller	der Werkraum
guardar	aufbewahren
los trastos	das alte Gerümpel
la despensa	die Vorratskammer

21 Aus alt mach neu.

Ist Ihr „altes Auto“ *ein coche viejo* (eine alte Kiste), dann wird es über kurz oder lang auf dem Schrottplatz landen. Haben Sie aber ein *coche antiguo* (einen Oldtimer), dann sollten Sie es hegen und pflegen. Nicht immer ist „alt“ also gleichbedeutend mit *viejo*. Und auch „neu“ ist nicht immer *nuevo*, „jung“ nicht immer *joven*, „klein“ nicht immer *pequeño* und „groß“ nicht immer *grande*.

Wählen Sie das Adjektiv aus, das dem deutschen Wort in der Klammer entspricht und fügen Sie es in der richtigen Form in den Satz ein.

numeroso mayor anciano importante clásico bajo largo alto corto menor antiguo gordo espacioso último

a	El abuelo de Paco es ________ . Tiene ya 93 años.	(alt)
b	Mi padre estudió lenguas ________ , es decir, latín y griego.	(alt)
c	Carmen tiene una familia ________ . En total son ocho en casa.	(groß)
d	Ramón mide un metro cincuenta. Es muy ________ para ser un hombre.	(klein)
e	Tengo dos hermanas: Carmen, mi hermana ________ , tiene 23 años; Isabel, mi hermana ________ , 16. Yo soy la mediana.	(älter) (jünger)
f	Los edificios de Manhattan son todos muy ________ .	(groß)
g	Si quieres saber las ________ noticias, tienes que ver el telediario.	(neuesten)
h	Todos los años muchos turistas visitan el casco ________ de Toledo.	(alt)
i	Con sus 40 metros cuadrados, el salón de nuestra casa es muy ________ .	(groß)
j	El nacimiento de su hija fue uno de los acontecimientos más ________ de su vida.	(groß)
k	Todos los días los alumnos tienen un recreo ________ de media hora y dos ________ de solo diez minutos.	(groß) (klein)
l	Se rompió el dedo ________ .	(groß)

la lengua	die Sprache
medir *(-i-)*	groß sein
para ser un hombre	für einen Mann
mediano	mittlerer
el telediario	die Nachrichten *(im Fernsehen)*
el casco	die Innenstadt, der Stadtkern
el nacimiento	die Geburt
el acontecimiento	das Ereignis
el recreo	die Pause
el dedo	*hier* der Zeh

22 *¿Tocar o jugar?* – Das reinste Kinderspiel!

Für das deutsche Wort „spielen" gibt es im Spanischen zwei Verben:

- *tocar* = ein Instrument spielen: *tocar el violín* (Geige spielen)
- *jugar (-ue-)* = ein Spiel oder mit etwas spielen
  Das, was man spielt, wird mit *a* + Artikel angehängt: *jugar al fútbol* (Fußball spielen).

Übersetzen Sie.

a Die Kinder spielen im Garten Ball.

b Juan ist ein sehr begabter Musiker. Er spielt hervorragend Cello.

c Im Sommer spielen wir fast jeden Tag Tennis.

d Tom ist Brite, aber er weiß nicht, wie man Kricket spielt.

e Carmen kann nicht Klavier spielen, weil sie sich den Arm gebrochen hat.

f Er hat den ganzen Vormittag mit Basketballspielen verbracht.

g Um Schach zu spielen, braucht man vor allem Konzentration.

h Sollen wir Karten spielen? – Nein, ich muss noch Flöte üben.

i Seit drei Jahren spielt María schon im Sinfonieorchester.

j Spielst du noch Saxofon? – Nein, es ist unerhört, unsere Nachbarn beschweren sich schon genug, wenn unsere Kinder mit den Bausteinen spielen.

el jardín	der Garten
la pelota	der Ball
dotado	begabt
extraordinariamente	*hier* hervorragend
el chelo	das Cello
romperse el brazo	sich den Arm brechen
el baloncesto	der Basketball *(Sportart)*
el ajedrez	das Schach
ensayar con la flauta	Flöte üben
la orquesta sinfónica	das Sinfonieorchester
seguir *(-i-)* + gerundio	etwas (immer) noch tun
el saxofón	das Saxofon
escandaloso	unerhört
quejarse	sich beschweren
las construcciones	die Bausteine

23 Zwei Buchstaben, die es in sich haben – *c* und *g*

Viele zögern bei der Aussprache von spanischen Wörtern, die die Buchstaben *c* und *g* in Verbindung mit Vokalen enthalten. Beachtet man aber die Regeln, ist das überhaupt nicht schwierig.

- *c* vor den Vokalen ***e*** und ***i*** → *c* ist ein gelispeltes „s“: *cerveza, ciudad*
- *c* vor den Vokalen ***a***, ***o*** und ***u*** → *c* ist ein „k“ wie in „Kaffee“: *camisa, color, curso*

- ***g*** vor den Vokalen ***e*** und ***i*** → ***g*** wird wie „ch" in „lachen" ausgesprochen: *gente, gimnasio*
- ***g*** vor den Vokalen ***a***, ***o*** und ***u*** → ***g*** ist ein „g" wie in „gut": *gato, gordo, gustar*
- ***gue*** und ***gui*** → ***g*** wird auch hier wie „g" in „gut" ausgesprochen, das ***u*** ist aber stumm: *guerra, guitarra*
- ***gua*** und ***guo*** → sowohl ***g*** als auch ***u*** werden gesprochen, und zwar wie „gua / gue": *guardia, antiguo*
- ***güe*** und ***güi*** → zwei Pünktchen (Trema) auf dem ***u*** (*ü*) bewirken, dass ***g*** und ***ü*** gesprochen werden wie „gue / gui": *cigüeña, pingüino*

Ordnen Sie die folgenden Wörter in die entsprechende Kategorie ein. Ein Wort passt in zwei Kategorien.

abogado afición cielo guardar guía barbacoa decisión ángel
cigüeña abanico boca guapo biología acera gente guerra
guante cuento girar guitarra aceite cuando margen gobierno
chiringuito ungüento región ingeniero pago

c [s gelispelt**]**	**c [k]**	**g [ch]**
____	____	____
____	____	____
____	____	____
____	____	____
____	____	____
____	____	____
____	____	____

g [g]	**gu [gua / gue]**
____	____
____	____
____	____
____	____
____	____
____	____
____	____

el abogado	der Rechtsanwalt
la afición	*hier* das Hobby
el ángel	der Engel
la cigüeña	der Storch
el abanico	der Fächer
la acera	der Bürgersteig
el margen	der Rand
el chiringuito	die Imbissbude
el ungüento	die Salbe

24 *Una barra de pan y una docena de huevos*

Wein kauft man in der Flasche, Orangen im Kilo, Paprikasalami in Gramm. Vor allem bei Lebensmitteln gibt es feste Verpackungs- oder Mengeneinheiten. Die jeweilige Ware wird mit *de* angehängt.

*una botella **de** vino*	eine Flasche Wein
*dos kilos **de** naranjas*	zwei Kilo Orangen
*cien gramos **de** chorizo*	100 Gramm Paprikasalami

Wählen Sie die passende Verpackung oder Mengeneinheit aus und tragen Sie sie ein.

barra gramos tableta litro botellas caja trozo kilo paquete pastillas docena manojo tarros cabezas lata malla

a 1 (Dose) ________________ de sardinas
b 100 (Gramm) ________________ de jamón serrano
c 2 (Flaschen) ________________ de vino tinto
d 1 (Päckchen) ________________ de garbanzos
e 1 (Netz) ________________ de limones
f 1 (Laib) ________________ de pan
g 1 (Tafel) ________________ de chocolate
h 1 (Dutzend) ________________ de huevos
i 1 (Liter) ________________ de leche
j 1 (Schachtel) ________________ de galletas

k 2 (Gläser) _______________ de mermelada
l 1 (Kilo) _______________ de manzanas
m 1 ([abgeschnittenes] Stück) _______________ de panceta
n 3 (Stücke) _______________ de jabón
o 2 (Knollen) _______________ de ajo
p 1 (Bund) _______________ de perejil

el garbanzo	die Kichererbse
la panceta	der durchwachsene Speck
el perejil	die Petersilie

25 Kleiner Strich – große Wirkung: Akzente

Akzente gehören zur spanischen Schreibweise wie das Tüpfelchen auf dem „i". Sie kennzeichnen die Silbe, die betont werden muss, sie stehen auf Fragewörtern und auf *qué* in Ausrufen. Bei einigen Wörtern dienen sie zur Bedeutungsunterscheidung.

Ein Beispiel:	*Trabaj**o** mucho.*	Ich arbeite viel.
	*Trabaj**ó** mucho.*	Er arbeitete viel.

Kreuzen Sie das Wort an, das Sie benötigen.

a Para ☐ mi | ☐ mí , ☐ mi | ☐ mí perro es ☐ el | ☐ él mejor perro del mundo.
b ☐ El | ☐ Él es desde luego ☐ el | ☐ él ☐ mas | ☐ más guapo.
c ~ ☐ Te | ☐ Té estoy preparando un ☐ te | ☐ té verde con limón que ☐ te | ☐ té va a encantar.
• ☐ Te | ☐ Té lo agradezco, pero no ☐ te | ☐ té molestes, gracias, el ☐ te | ☐ té no me gusta mucho.
d ☐ Mi | ☐ Mí ☐ papa | ☐ papá le dio la mano al ☐ Papa | ☐ Papá .
e ~ ¿ ☐ Tu | ☐ Tú no tienes miedo ☐ cuando | ☐ cuándo piensas en ☐ tu | ☐ tú futuro?
• No, a ☐ mi | ☐ mí no me da miedo ☐ mi | ☐ mí futuro.
f ~ No ☐ se | ☐ sé ☐ si | ☐ sí sabes que Loli ☐ se | ☐ sé ha ido a vivir a Canadá.
• ☐ Si | ☐ Sí , ☐ se | ☐ sé que ☐ se | ☐ sé marchó en enero.

g ~ ¿ ☐ Como | ☐ Cómo preparas ☐ tu | ☐ tú estas riquísimas migas con chorizo?
• ☐ Como | ☐ Cómo me enseñó ☐ mi | ☐ mí madre: con mucho chorizo y pocas migas.

h ☐ El | ☐ Él ☐ trabajo | ☐ trabajó en la fábrica no era malo, pero ☐ el | ☐ él ☐ trabajo | ☐ trabajó allí solo seis meses.

i La soprano ☐ canto | ☐ cantó un ☐ canto | ☐ cantó bellísimo.

j ☐ El | ☐ Él profesor ☐ estudio | ☐ estudió toda la mañana en su ☐ estudio | ☐ estudió .

agradecer *(-zc-)*	danken
molestar	*hier* sich Mühe machen
riquísimo	köstlich
las migas	*traditionelles spanisches Gericht (mit gerösteten Brotkrumen)*

26 „Sein" – *ser* oder *estar*: Das ist die Frage!

Wann nehme ich *ser* und wann *estar*? Damit Ihnen diese Frage kein Kopfzerbrechen mehr bereitet, geben wir Ihnen hier einen Überblick zum grundlegenden Gebrauch.

Estar gibt an:	*Ser* gibt an:
– das persönliche Befinden – den Ort – den Familienstand – mit der Präposition *a*: Preis, Höhe, Entfernung	– Informationen über eine Person wie Nationalität, Religion, Beruf – die Herkunft von Personen und Sachen – Uhrzeit, Datum, Zahlen – Ort und Zeit von Ereignissen – Zugehörigkeit und Besitz – Eigenschaften wie Material, Größe, Farbe

Ergänzen Sie die Lücken mit *ser* oder *estar* in der erforderlichen Form und Zeit.

a De cuatro a nueve (yo) ___________ todos los días en el despacho.
b Hoy (yo) no ___________ muy bien, no sé qué me pasa.
c En los melancólicos pueblos de Galicia muchas casas ___________ de piedra.
d – ¿Ruso yo? No, se equivoca, yo ___________ español, de Salamanca.
~ ¿De verdad ___________ usted de Salamanca? Yo nunca ___________ en Salamanca.
e – ¿Y a cuánto ___________ el jamón de Jabugo?
~ ___________ muy caro, porque ___________ jamón ibérico de bellota: ___________ a 49 € el kilo.
f – ¿Qué hora ___________ ya?
~ ___________ las doce y media. Vamos a llegar tarde.
– Pero... ¿a qué hora ___________ la boda?
~ Te lo he dicho tres veces: la boda ___________ a la una.
– ¿Y dónde ___________ ?
~ ¡Otra vez! ¡En la parroquia de Nuestra Señora de Fátima!
– ¿Y dónde ___________ esa parroquia?
~ Es la parroquia que ___________ junto a la plaza de toros.
g – ¿A qué ___________ hoy?
~ Hoy ___________ a tres de enero.
h – ¿De quién ___________ este coche?
~ ___________ de mi tía Paquita.
– ¿Y por qué lo tiene tapado con una lona?
~ Porque ella no ___________ aquí ahora, ___________ en Nueva York.
– ¿En Nueva York?
~ Sí, ___________ arquitecta y ha ido a hacer un máster.
– ¿A qué distancia ___________ Nueva York de aquí?
~ ___________ a poco menos de 6.000 km.

equivocarse	sich irren
Jabugo	*Ort in der Provinz Huelva (Bellotaschinken aus Jabugo gilt als besondere Delikatesse)*
el jamón ibérico de bellota	Bellotaschinken
la parroquia	*hier* die Pfarrkirche
tener tapado	zugedeckt haben
la lona	die Zeltplane
el máster	der Master *(Studienabschluss)*

27 Dies hier und das da ...

Hinweisende Fürwörter (Demonstrativa) weisen – wie der Name schon sagt – auf Personen und Gegenstände hin. Man unterscheidet zwischen

- *este* (dieser, -e, -es): das Objekt befindet sich in unmittelbarer Nähe des Sprechenden, also *aquí* („hier")
- *ese* (der, die, das ... da): das Objekt befindet sich nicht in unmittelbarer Nähe des Sprechenden, aber in der Nähe des Angesprochenen, also *ahí* („da")
- *aquel* (jener, -e, -es ... dort): das Objekt ist vom Sprechenden und vom Angesprochenen entfernt, also *allí* („dort")

Die Form – maskulin oder feminin, Singular oder Plural – richtet sich wie bei Adjektiven nach dem dazugehörigen Substantiv.

3

Die Pfeile geben an, wo sich die Person oder der Gegenstand befindet (⇨ = unmittelbare Nähe / ⇨⇨ = Nähe / ⇨⇨⇨ = weiter entfernt). Ergänzen Sie die Lücken in den Sätzen und Minidialogen nach der jeweiligen Vorgabe.

a (⇨) ___________ chico es hijo de (⇨⇨⇨) ___________ señora de Bilbao que te presenté en la estación, ¿recuerdas?

b (⇨) ___________ vaqueros no me gustan tanto como (⇨⇨) ___________ .

c – Buenos días, quería una tarta de arándanos.
~ ¿Le gusta (⇨) ___________ ?
– No, (⇨⇨) ___________ es muy grande, póngame por favor (⇨⇨) ___________ otra de ahí, la de 13 €.

d (⇨) ___________ edificio es el Ayuntamiento y (⇨⇨⇨) ___________ plaza al final de la calle es la Plaza Mayor.

e – Abuelo, ¿en tu época había televisión?
~ ¿Televisión en (⇨⇨⇨) ___________ tiempos? No, hijo, no, en (⇨⇨⇨) ___________ época solo teníamos la radio.

f – (⇨) ___________ botas me aprietan un poco.
~ ¿Por qué no te pruebas (⇨⇨) ___________ otras marrones?

g En (⇨) ___________ paseo hay tres estatuas: (⇨) ___________ de aquí es de Cervantes, (⇨⇨) ___________ junto a la fuente es de Velázquez y (⇨⇨⇨) ___________ del fondo es del rey Felipe II.

h – Camarero, (⇨) ___________ gazpacho está frío.
~ Señora, (⇨⇨) ___________ gazpacho y todos los gazpachos. El gazpacho siempre se toma frío.

i Todas (⇨⇨) ___________ maletas de ahí son de (⇨⇨⇨) ___________ cuatro turistas norteamericanos.

presentar	vorstellen
la tarta de arándanos	die Blaubeertorte
al final	am Ende
apretar *(-ie-)*	drücken
la fuente	der (Spring-)Brunnen
el fondo	der Hintergrund
el gazpacho	der Gazpacho *(kalte Gemüsesuppe)*

28 Das reinste Vergnügen!

Tragen Sie in das Gitter die unten beschriebenen Freizeitaktivitäten ein. Die blau unterlegten Buchstaben in der Mitte ergeben eine Tätigkeit, mit der angeblich vor allem Frauen ihre freie Zeit gerne verbringen.

a deslizarse con patines
b ir deprisa
c desplazarse en el agua con brazos y piernas
d viajar en barco
e nadar bajo el agua
f moverse por el aire
g andar por el bosque o por el campo
h sacar peces del agua
i impulsar una embarcación con los remos
j montar a caballo
k patinar con esquís

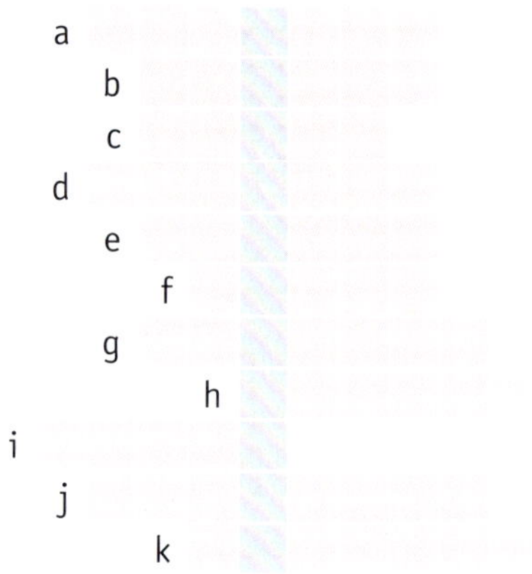

Solución:

deslizarse	(dahin)gleiten
los patines	die Schlittschuhe
deprisa	schnell
desplazarse	sich von der Stelle bewegen
sacar	*hier* herausholen
impulsar	antreiben
la embarcación	das Boot
el remo	das Ruder

29 Beruf oder Berufung?

Nun stehen die spanischen Berufsbezeichnungen im Mittelpunkt. Für viele Berufe gibt es eine männliche und eine weibliche Form: *el peluquero* (der Friseur) – *la peluquera* (die Friseurin), *el pintor* (der Maler) – *la pintora* (die Malerin).

Achten Sie aber auf folgende Besonderheiten:

- Einige Berufe, die früher überwiegend als „Männerdomäne“ galten, sehen für Frauen sowohl die männliche als auch die weibliche Form vor: *el abogado – la abogado / abogada* (der Anwalt – die Anwältin), *el ingeniero – la ingeniero / ingeniera* (der Ingenieur – die Ingenieurin), *el médico – la médico / médica* (der Arzt – die Ärztin)
- Berufe mit der Endung *-ista* und *-ante* besitzen für beide Geschlechter nur eine Form: *el / la recepcionista* (der Rezeptionist – die Rezeptionistin), *el / la estudiante* (der Student – die Studentin)
- Bei einigen Berufen unterscheiden sich die männliche und die weibliche Form stärker: *el actor – la actriz* (der Schauspieler – die Schauspielerin), *el poeta – la poetisa* (der Dichter – die Dichterin)
- Es gibt Berufe, bei denen die weibliche Form sowohl eine Frau meint, die diesen Beruf ausübt, als auch die Institution: *la policía / la policía* (die Polizistin / die Polizei)
- Viele v. a. moderne Berufe unterscheiden nicht nach männlicher und weiblicher Form, sondern nur nach dem Artikel: *el / la piloto* (der Pilot – die Pilotin), aber auch *el / la modelo* (das Model)

Ergänzen Sie den beschriebenen Beruf und geben Sie auch die jeweilige weibliche oder männliche Bezeichnung an.

a Una mujer que dirige un Ministerio es una *ministra* . *ministro*

b Un hombre que enseña en un instituto es un ________ . ________

c Una chica que desfila por una pasarela de moda es una ________ . ________

d ¿Qué profesión tiene el hombre que administra justicia? – Es ________ . ________

e ¿Qué profesión tiene una mujer que construye edificios? – Es ________ . ________

f Si tu madre escribe reportajes para los periódicos, tu madre es ________ . ________

g ¡Esta puerta de madera es preciosa! ¿La compraste hecha o la mandaste hacer a un ________ ? ________

h Cuando el gato se pone enfermo lo llevamos al ________ . ________

i Lope de Vega fue un famosísimo ________________ . ________________

j Los ________________ norteamericanos siempre consiguen muchas medallas en los Juegos Olímpicos. ________________

k El ________________ de mi pueblo hace un pan exquisito. ________________

l A mi hijo le encantan los ordenadores y de mayor quiere ser ________________ . ________________

m Lucía lleva muy bien la gestión administrativa de la empresa: es una ________________ muy eficaz. ________________

n Julio Iglesias es un ________________ español muy conocido en el mundo. ________________

o ¿Mujer que gobierna un Ayuntamiento? – Una ________________ . ________________

p Laura es una ________________ excelente: me dolía mucho la espalda y con un simple masaje me ha quitado el dolor. ________________

dirigir	leiten
el instituto	das Gymnasium
desfilar	*hier* schreiten
la pasarela	der Laufsteg
el reportaje	die Reportage
comprar hecho	fertig kaufen
mandar hacer	*hier* in Auftrag geben
conseguir *(-i-)*	erlangen
la gestión administrativa	die Leitung der Verwaltung
el Ayuntamiento	das Rathaus *(als Institution)*
quitar el dolor	den Schmerz nehmen

30 *Limpiaparabrisas* – Wörter, die es in sich haben!

Erinnern Sie sich an den Film „Der mit dem Wolf tanzt" – auf Spanisch: *Bailando con lobos*? So nannten die indianischen Ureinwohner die Hauptperson dieses Films. Der Name gab das wieder, was sie an ihm beobachtet hatten: Er tanzt mit dem Wolf.

Eine ganze Reihe spanischer Wörter wird ähnlich gebildet. Und so geht's: Man nehme ein Verb, setze es in die 3. Person Singular und hänge daran ein Substantiv an: *un parabrisas (= parar → para + brisas)* „hält Brisen ab" (= eine Windschutzscheibe), *un limpiaparabrisas (= limpiar → limpia + parabrisas)* „putzt Windschutzscheiben" (= ein Scheibenwischer). So einfach ist das! Der Artikel ist übrigens immer *el*.

Setzen Sie aus je einem Verb und einem Substantiv das gesuchte spanische Wort zusammen.

corchos · pinta · ~~abre~~ · casca · salta · vidas · rompe · para · césped · saca · cielos · manchas · olas · años · choques · lava · cumple · botas · corta · platos · mata · sol · nueces · quita · sabe · ~~latas~~ · lotodo · salva · moscas · montes · rasca · labios · para · limpia

a Ein *Dosenöffner* öffnet Dosen. abrelatas
b Ein *Korkenzieher* zieht Korken heraus. ________
c Ein *Schuhputzer* putzt Stiefel. ________
d Ein *Geschirrspüler* wäscht Teller ab. ________
e Ein *Nussknacker* knackt Nüsse. ________
f Der *Geburtstag* vollendet ein Jahr. ________
g Ein *Sonnenschirm* hält Sonne ab. ________
h Ein *Fleckenentferner* nimmt Flecken weg. ________
i Ein *Rasenmäher* schneidet den Rasen. ________
j Eine *Fliegenklatsche* tötet Fliegen. ________
k Eine *Stoßstange* hält Stöße ab. ________
l Ein *Grashüpfer* überspringt Berge. ________
m Ein *Wellenbrecher* bricht Wellen. ________
n Ein *Rettungsring* rettet Leben. ________
o Ein *Wolkenkratzer* kratzt am Himmel. ________
p Ein *Lippenstift* malt Lippen an. ________
q Ein *Besserwisser* weiß das alles. ________

4

31 Ein Freund, ein guter Freund …

Bei einigen spanischen Adjektiven hängt die Bedeutung von ihrer Stellung ab. Generell gilt: Ein nachgestelltes Adjektiv dient der objektiven Unterscheidung, ein vorangestelltes nimmt eine übertragene, subjektive Bedeutung an. Z. B. ist *un amigo bueno*, „ein guter Freund", im Sinne von ein guter, kein schlechter Mensch; hat man zu ihm ein inniges Verhältnis, dann bezeichnet man ihn als *un buen amigo*.
Achtung! Vor einem maskulinen Substantiv im Singular werden die Adjektive *bueno* und *malo* zu *buen* bzw. mal verkürzt, *grande* wird vor maskulinen und femininen Substantiven zu *gran*.

Setzen Sie das passende Adjektiv an der richtigen Stelle und in der richtigen Form ein.

alto alto antiguo antiguo bueno grande nuevo nuevo pobre simple simple triste triste único viejo

a Enrique y yo somos ____________ amigos ____________ de la infancia.
b En la ____________ casa ____________ de mis abuelos había un jardín de rosas.
c La pintora mexicana Frida Kahlo fue una ____________ mujer ____________ .
d David se ha comprado una ____________ moto ____________ , flamante.
e El ____________ zapatero ____________ no sabía cómo reparar aquellos zapatos tan viejos.
f La palabra *'pan'* es una ____________ palabra ____________ .
g ____________ parte ____________ de la comida se estropeó por el calor.
h La princesa Leticia no era, de nacimiento, de ____________ cuna ____________ .
i Mis abuelos vivían en una ____________ casa ____________ pero bien conservada.
j David se ha comprado una ____________ moto ____________: es ya la tercera que compra.
k En la Embajada nos recibió un ____________ funcionario ____________ y delgado.
l Acabo de leer un ____________ libro ____________ .
m Isaac Newton tenía una ____________ cabeza ____________ .
n No ha leído en su vida ni un ____________ libro ____________ .
o A veces para solucionar un problema basta una ____________ palabra ____________ .

la infancia	die Kindheit
flamante	funkelnagelneu
estropear	*hier* verderben
de nacimiento	von Geburt
la cuna	*hier* die Abstammung
bien conservado	gut erhalten
la embajada	die Botschaft

32 Mit oder ohne *a*?

Die Präposition *a* wird verwendet

- zur Angabe des Dativs bei Personen und Sachen:

Luisa ayuda a su abuela.	Luisa hilft ihrer Großmutter.
Añadí sal al caldo.	Ich habe der Brühe Salz hinzugefügt.

- zur Angabe des Akkusativs bei Personen und Haustieren, die praktisch zur Familie gehören:

¿Ya has llamado a tus padres?	Hast du deine Eltern schon angerufen?
Saco al perro tres veces al día.	Ich führe den Hund dreimal täglich aus.

Achtung: Nach *tener, buscar, necesitar* und ähnlichen Verben entfällt *a*, wenn es sich nicht um eine konkrete Person, sondern nur um die Funktion einer Person handelt.

¿Has visto a la secretaria del Sr. Ruiz?	Hast du Herrn Ruiz' Sekretärin gesehen?
En esta empresa se busca secretaria.	In dieser Firma wird eine Sekretärin gesucht.

Mit oder ohne *a*? Geben Sie die Präposition an, wo diese erforderlich ist. Und denken Sie daran: *a* + *el* = *al*

a ¿Has visto por algún lado *al* ~~el~~ perro? ¡No lo encuentro!
b Madre Teresa de Calcuta dedicó su vida _____ los pobres.
c Necesitamos inmediatamente _____ un químico para el laboratorio.
d El director reunió _____ todos los alumnos en el patio del colegio.
e ¡Echa más leña _____ el fuego!

f Los vecinos han pintado _____ la fachada de la casa.
g El perro salvó _____ la vida de la niña.
h El perro salvó _____ la niña de una muerte segura.
i También mi hijo quiere tener _____ un perro.
j Se busca _____ profesora de matemáticas para clases particulares.
k Si yo no estoy en casa, no abras la puerta _____ nadie.
l Le he puesto _____ el coche una radio nueva.
m Anoche vi _____ tu hija y _____ sus amigas en el cine.
n Desde el tren, en los campos, se veían _____ toros de lidia.
o ¿Llamaste ayer _____ la abuela?

el patio	der (Schul-)Hof
echar	werfen
la leña	das Brennholz
la clase particular	der Privatunterricht
el toro de lidia	der Kampfstier

33 Wortschatz im Kontext: *En la frutería*

Hier üben Sie einige Wendungen, die beim Einkauf von Obst und Gemüse nützlich sein können.

Vervollständigen Sie das Gespräch zwischen Verkäuferin (*Dependienta* = ■) und Kundin (*Cliente* = ●) mit den unten stehenden Angaben.

por favor   qué   nada   cuánto es   quedan   no   algo más   quería
deme   no me los ponga   póngame   a cuánto están
siento   cuántos   Adiós

■ Hola, buenos días. ¿Qué le pongo?
● Buenos días. ¿ ______________________ las peras?
■ A 1,35 € el kilo.
● Pues póngame dos kilos. Y ______________________ también tres de patatas y uno de tomates.

- Muy bien. ¿ ____________________ ?
- Uvas. ¿A cuánto están?
- Las uvas están a 7,80 € el kilo.
- ¡ ____________________ caras!
- Sí, pero es que estas son las primeras, y muy buenas.
- Pues ____________________ medio kilo, para probarlas. ¿No le ____________________ espárragos?
- No, señora, espárragos verdes ya no nos quedan, lo ____________________ .
- ____________________ importa. ¿Están maduros estos aguacates?
- Ya lo creo, muy dulces y en su punto.
- Entonces ____________________ media docena, por favor. Ah, y plátanos.
- ¿ ____________________ plátanos? ¿Siete, ocho?
- Siete, por favor. Pero ____________________ muy pasados, porque son para freír. Que estén algo verdes todavía.
- Aquí tiene. ¿Eso es todo?
- No, y una lechuga, ____________________ .
- Una lechuga. ¿Algo más, señora?
- No, ____________________ más, gracias. ¿ ____________________ ?
- En total son 19,12 €.
- Tenga.
- Gracias, señora.
- ____________________ , buenos días.
- Adiós, buenos días, señora.

la pera	die Birne
la uva	die Weintraube
el espárrago	der Spargel
maduro	reif
en su punto	*hier* genau richtig
la docena	das Dutzend
el aguacate	die Avocado
pasado	*hier* reif
Que estén algo verdes todavía.	Sie sollen noch etwas grün sein.
la lechuga	der (Kopf-)Salat

34 Das kommt davon!

Sowohl *ir* als auch *venir* können mit „kommen“ übersetzt werden. Welches Verb gebraucht wird, hängt vom Standort des Sprechenden ab.
Als Faustregel gilt:
du kommst zu mir = *venir* ich komme zu dir = *ir*

Für viele deutsche Verbindungen mit „kommen“ gibt es im Spanischen ein eigenes Verb. Einige Beispiele: *llegar* = ankommen, *pasar por* = durch (einen Ort usw.) kommen, *acudir* = herbeikommen, *acercarse* = näherkommen, *llamar al médico* = den Arzt kommen lassen, *encargar a.c.* = etw. kommen lassen, *tener tiempo de hacer a.c.* = zu etwas kommen

Übersetzen Sie die folgenden Sätze.

a Um wie viel Uhr kommt der Zug, der um 9 Uhr abfährt, in Hamburg an?

b Isabel, kommst du heute Abend zu mir zum Abendessen? Marta und Carmen kommen auch. – Ich würde gerne kommen, aber ich habe für Carla keinen Babysitter.

c Mehr als 20.000 Fans sind zum Open-Air-Konzert gekommen.

d Auf der Reise nach Madrid sind wir durch Ávila gekommen.

e Ich warte schon seit zwanzig Minuten. Warum kommt der Bus nie pünktlich?

f Da die Heizung nicht warm wurde, ließen wir einen Klempner kommen.

g Miguel und Luisa sind gestern aus Portugal zurückgekommen.

h Kommst du? – Ja, ich komme sofort. Ich muss mich nur noch von meinen Eltern verabschieden.

i Ich hätte Lust auf eine Pizza, aber die Pizzeria ist schon geschlossen. – Warum lassen wir keine kommen?

j Das Gewitter kam sehr schnell näher.

k Ich denke, sie ist noch nicht dazu gekommen, dich anzurufen.

el / la canguro	der / die Babysitter/in
el fan	der Fan
al aire libre	Open-Air
llevo esperando ya	ich warte schon
desde hace	seit *(Zeitspanne)*
como	da
la calefacción	die Heizung
calentar *(-ie-)*	warm werden
el fontanero	der Klempner
despedirse *(-i-)*	sich verabschieden
me apetecería	ich hätte Lust
la tormenta	das Gewitter

¿Por qué nunca llega puntual?

35 Wer kennt die Lösung: *¿El* oder *la* oder vielleicht *lo?*

Bei vielen Substantiven lässt sich das Geschlecht (Genus) an der Endung erkennen. In der Regel sind u.a. die Endungen *-o*, *-aje* oder *-ete* maskulin, die Endungen *-a*, *-ad* oder *-ión* feminin. Doch gibt es auch hier Ausnahmen, z. B. *la mano* (die Hand) oder *el día* (der Tag). Außerdem:

- vor einem femininen Substantiv, das mit einem betonten *a-* oder *ha-* beginnt, lautet der bestimmte Artikel im Singular *el*, im Plural aber *las*: *el águila* (der Adler) → *las águilas* (die Adler), *el hada* (die Fee) → *las hadas* (die Feen)
- *lo* (unveränderlich!) steht z. B. vor zum Substantiv gewordenen Adjektiven, Ordnungszahlen oder Possessivpronomen: *bueno* (gut) → *lo bueno* (das Gute), *segundo* (zweiter, -e, -es) → *lo segundo* (das Zweite), *tuyo* (deiner, -e, -es) → *lo tuyo* (das Deine)

Welcher bestimmte Artikel gehört zu dem Wort? Geben Sie ihn an und übersetzen Sie dann ins Deutsche.

____	viaje	____________	____	ciudad	____________
____	agua	____________	____	problema	____________
____	moto	____________	____	radio	____________
____	mapa	____________	____	color	____________
____	primero	____________	____	amor	____________
____	canción	____________	____	flor	____________
____	avión	____________	____	suyo	____________
____	corazón	____________	____	lápiz	____________
____	razón	____________	____	nariz	____________
____	libertad	____________	____	programa	____________
____	útil	____________	____	mes	____________
____	único	____________	____	ama de casa	____________

36 *¡Hablas perfectamente español!*

Adjektive beschreiben ein Substantiv näher, Adverbien ein Verb oder ein anderes Adjektiv oder Adverb.

- Bei Adverbien, die sich von einem Adjektiv ableiten, wird an die feminine Form des Adjektivs *-mente* angehängt: *perfect**o*** → *perfect**a*** → *perfecta**mente***.

- Wenn eine Aufzählung mehrere Adverbien enthält, wird nur an das letzte Adverb *-mente* angehängt: *Trabaja lenta, pero exactamente*. (Er arbeitet langsam, aber genau.)
- Das Adverb zu *bueno* lautet *bien*, von *malo* ist es *mal*.
- Das Adverb von *rápido* lautet *rápido* oder *rápidamente*.
- Einige maskuline Adjektive ändern ihre Bedeutung, wenn sie als Adverb gebraucht werden, z. B. *hablar alto / bajo / claro* (laut / leise / deutlich sprechen).

Adjektiv oder Adverb? Geben Sie die jeweils richtige Form an.

a Este barrio es (absoluto) __________ (seguro) __________ .
b Es muy (bonito) __________ la muñeca de trapo que has hecho, la has hecho muy (bueno) __________ , de verdad.
c Recogimos las sábanas (rápido) __________ , porque empezaba a llover.
d Trabaja (lento) __________ pero (meticuloso) __________ .
e Estamos (real) __________ (sorprendido) __________ de que no te hayan dicho que van a casarse en mayo.
f Yo te digo que este niño es (malo) __________ y se porta (malo) __________ .
g ¿Qué tal está de motor este coche? – (Bueno) __________ , todavía está (bueno) __________ , es un (bueno) __________ coche.
h Es (normal) __________ que las personas ancianas caminen (despacio) __________ .
i Estaba yo tomándome (tranquilo) __________ una cerveza, cuando oí un ruido (tremendo) __________ .
j No es (frecuente) __________ que aquí nieve tanto.
k (Normal) __________ pasamos el invierno en Alicante y el verano en Múnich.
l El cónsul era un hombre (cortés) __________ y (cortés) __________ nos informó del caso.
m Anoche, en la ópera, la soprano cantó (increíble) __________ (bueno) __________ .
n (Seguro) __________ nos vamos a ganar una multa por ir tan (rápido) __________ .

la muñeca de trapo	die Stoffpuppe
recoger	*hier* abnehmen (Wäsche)
la sábana	das Bettlaken
meticuloso	gewissenhaft
portarse	sich betragen
de motor	vom Motor her
anciano	alt (Person)
tremendo	gewaltig
ganarse	*hier* sich einhandeln
la multa	die Geldstrafe

37 *¡Socorro! ¡Me he perdido!*

Es gibt spanische Verben, deren Form und Bedeutung durch Anhängen von *se* zu einem reflexiven Verb werden. Dazu gehören vor allem Verben der Körperpflege: *lavar* (waschen) → *lavarse* (sich waschen). Aber Achtung: Einige Verben nehmen eine völlig andere Bedeutung an, wenn sie reflexiv gebraucht werden, so z. B. *perder* (verlieren) → *perderse* (sich verlaufen).

Reflexiv oder nicht reflexiv? Kreuzen Sie die richtige Form an.

a	Rosa, ¿ _____ la uñas?	☐ has cortado	☐ te has cortado
b	Este queso _____ , hay que tirarlo.	☐ ha estropeado	☐ se ha estropeado
c	Bueno, os dejo, voy a _____ un rato.	☐ descansar	☐ descansarme
d	_____ de todos mis compañeros de colegio.	☐ Acuerdo	☐ Me acuerdo
e	Doctor, ¿ _____ el enfermo?	☐ ha empeorado	☐ se ha empeorado
f	¿ _____ por la escalera?	☐ Has caído	☐ Te has caído
	– No, _____ de la bici.	☐ caí	☐ me caí
g	_____ con afecto a mi abuela.	☐ Recuerdo	☐ Me recuerdo
h	¿ _____ ya el niño?	☐ Ha dormido	☐ Se ha dormido
	– Sí, ya _____ como un angelito.	☐ duerme	☐ se duerme

i	Mi prima _____ Manuela, pero la _____ Loli.	☐ llama ☐ llamamos	☐ se llama ☐ nos llamamos
j	El ruido del terremoto _____ a la población.	☐ despertó	☐ se despertó
k	Normalmente, los hombres _____ antes de _____ .	☐ afeitan ☐ duchar	☐ se afeitan ☐ ducharse
l	Después de _____ la siesta, algunos _____ de mal humor.	☐ dormir ☐ despiertan	☐ dormirse ☐ se despiertan
m	Hoy _____ a ochenta trabajadores más.	☐ han despedido	☐ se han despedido

la uña	der Fingernagel
estropear	verderben (Lebensmittel)
tirar	wegwerfen
la bici (bicicleta)	das Fahrrad
el angelito	das Engelchen
el terremoto	das Erdbeben
la población	die Bevölkerung
de mal humor	schlecht gelaunt

38 Kleines Wörtchen mit viel Sinn: *lo*

Lo hat verschiedene Funktionen:

- Artikel, u. a. für substantivierte Adjektive: ***lo** útil* (das Nützliche)
- Objektpronomen (Akkusativ):
  Compro el coche. → ***Lo*** compro. — Ich kaufe das Auto. → Ich kaufe es.
- Relativpronomen, in Verbindung mit *que*:
  *Todo **lo que** dices …* — Alles (das), was du sagst, …

Vervollständigen Sie mit *lo* bzw. *lo que* und geben Sie dessen Funktion an.

a Carlos es mi mejor amigo. _Lo_ veo todos los días. _Objektpronomen_

b No le creo todo _______ dice. _______

c _______ práctico de un portátil es que _______ puedes usar en cualquier lugar. _______ _______

d A veces _______ barato sale caro. _______

e No siempre _______ más gusta es _______ más conviene.

f ¿Has visto a Sergio? – No, no _______ he visto en toda la mañana.

g ¿Dónde has dejado el móvil? – _______ dejé encima de mi mesa.

h _______ bueno del invierno es que pasa pronto.

i _______ más importante es la salud.

j ¿Cómo supiste eso? – _______ supe por Rosa, que me _______ dijo.

k En caso de accidente, _______ mejor es no mover al herido.

l ¿Y el CD? – ¡Huy, lo siento, se me ha olvidado traérte_______ !

m ¡Dime _______ quieras, pero díme_______ rápido, que me voy ya!

n Me encanta _______ bien que toca el violín...

o _______ terrible de la situación es que sus padres no saben aún nada.

el portátil	der Laptop
el herido	der Verletzte

39 ¿*Mucho* oder *muy?* – Eine schwierige Entscheidung?

Eigentlich ist der Gebrauch von *mucho* und *muy* gar nicht so schwierig.

- *mucho* als Adjektiv → die Form (*mucho/-a/-os/-as*) richtet sich nach dem dazugehörigen Substantiv: *much**o** tiemp**o*** (viel Zeit), *much**as** person**as*** (viele Personen)
- *mucho* in Verbindung mit einem Verb → *mucho* bleibt unverändert:
  Trabaja mucho. — Er arbeitet viel.
- *muy* steht vor einem Adjektiv oder Adverb:
  Es muy rico. — Er ist sehr reich.
  Estoy muy contento. — Ich bin sehr zufrieden.

Achtung: Wird in einer Antwort das Adjektiv oder Adverb nicht wiederholt, sagt man nicht *muy*, sondern *mucho*:

– *¿Estás contento?*	– Bist du zufrieden?
~ *Sí, muy contento. / Sí, mucho.*	~ Ja, sehr zufrieden. / Ja, sehr.

Vervollständigen Sie die Sätze mit *muy* oder der richtigen Form von *mucho*.

a Esta alfombra me gusta ______ y además no es ______ cara.
b Nuestra vecina habla ______ , pero no dice cosas ______ sensatas.
c Desde que lo operaron de cataratas, mi abuelo ve ______ mejor.
d ¿Estás cansado? – Sí, ______ .
e Tenemos un jardín ______ grande, con ______ flores y ______ árboles. Es ______ bonito, pero nos da ______ que hacer.
f Para conocer ______ bien la Literatura española hay que leer ______ .
g Estoy ______ cansada y tengo ______ sueño.
h ¿Sabes nadar? – No, no ______ bien.
i Haces las cosas ______ deprisa y por eso no te salen bien.
j La novia de Enrique gasta ______ en joyas.
k Es usted ______ amable, gracias.
l A Paquita le gusta ______ salir de viaje.
m Federico García Lorca es un poeta ______ conocido en el mundo.
n Me voy a la cama, que mañana tengo que levantarme ______ temprano.
o Nos dimos ______ prisa en acabar el trabajo.

la alfombra	der Teppich
sensato	vernünftig
operar de cataratas	am Grauen Star operieren
tener sueño	müde sein
salir bien	gelingen
las joyas	der Schmuck
darse prisa	sich beeilen
acabar	beenden

40 Total verrückt: *¡Un plato en mi plato!*

Es gibt spanische Substantive, die im Deutschen je nach Zusammenhang unterschiedliche Bedeutungen haben. Ein Beispiel: *el plato* ist sowohl „das Gericht", das man isst, als auch „der Teller", von dem man isst.

Ordnen Sie jedem Substantiv zwei passende Definitionen zu.

a cocina
b intereses
c sierra
d manzana
e ~~estación~~
f tienda
g esposas
h flamenco
i hoja
j muñeca
k planta
l cuarto

☐ Articulación de la mano con el antebrazo.

☐ Ser vegetal.

☐ Sitio de la casa donde se prepara la comida.

☐ Ave de pico, cuello y patas muy largos, con plumas de color blanco, rosa y rojo.

☐ Cordillera de montañas de picos afilados.

☐ Piso o altura de un edificio.

Si uno se ha casado dos veces ha tenido dos.

Cada una de las cuatro partes en que se divide un todo.

Electrodoméstico que sirve para cocinar.

Eva le dio a Adán una en el Paraíso.

Muchas niñas juegan con ella a ser mamás.

Los campistas la utilizan para retirarse a dormir o descansar.

Herramienta para cortar madera.

e Los trenes llegan a ella y parten de ella.

Los policías se las ponen a los delincuentes en las muñecas.

El capital generalmente los produce.

Habitación de una casa.

Bloque de casas rodeado de calles.

Establecimiento donde se venden cosas, en especial comestibles.

Las de los periódicos son de papel y muy grandes.

Si te interesan muchas cosas tienes muchos.

Los árboles las pierden en otoño.

e Hay una para cada época del año.

Cante y baile típico del pueblo gitano, en especial de Andalucía.

la articulación	das Gelenk
el antebrazo	der Unterarm
el pico	der Schnabel; die Bergspitze
la pluma	die Feder
afilado	spitz
la altura	die Höhe
dividirse	sich teilen
el electrodoméstico	das Elektrogerät
jugar *(-ue-)* a ser mamás	*hier* Mutter-Kind spielen
el campista	der Camper *(Person)*
la herramienta	das Werkzeug
el delincuente	der Verbrecher
la muñeca	*hier* das Handgelenk
el establecimiento	*hier* das Geschäft
los comestibles	die Lebensmittel
el cante	der Gesang
gitano	Zigeuner-

41 *Por* zum Zweiten!

In Übung 17 sind Ihnen bereits einige grundlegende Situationen mit *para* und *por* begegnet. Hier geht es nun um feste Wendungen mit *por*.

Wählen Sie aus der Liste für jeden Satz die passende Wendung aus und geben Sie dafür auch die deutsche Übersetzung an.

por ejemplo por lo menos por lo general por desgracia
por favor ¿por qué? por fuera por si acaso ~~por fin~~
por casualidad por supuesto por cierto por eso por otra parte

a ¡ *Por fin* ______ llega el autobús, ya era hora! *endlich* ______
b ¿El nombre de una ciudad bellísima?
Venecia, ______ . ______
c Camarero, ______ , una tapa de pulpo y una cerveza. ______
d ¿ ______ te pones así? ______
e Raquel tiene ______ seis o siete hermanos. ______
f Las personas, ______ , no viven mucho más de cien años. ______
g En Barcelona me encontré ______ con un antiguo compañero de curso. ______
h ¿Vais a venir a la fiesta? – ¡ ______ ! ______
i No me gusta ese chico, ______ no quiero que salgas con él. ______
j ______ , ¿dónde has dejado aparcado el coche? ______
k Tiene pinta de estar para llover: yo me llevo el paraguas,
______ . ______
l ______ , la casa es toda de piedra. ______
m ______ , no sé qué hacer. ______
n ______ , mi padre falleció hace algunos años. ______

el pulpo	Tintenfisch
tener pinta de	aussehen
el paraguas	der Regenschirm
fallecer *(-zc-)*	sterben

42 „Haben" ist nicht gleich „haben" – *haber* und *tener*

„Haben" kann mit *haber* und *tener* übersetzt werden. *Haber* ist ein Hilfsverb und wird im Spanischen hauptsächlich zur Bildung der zusammengesetzten Zeiten verwendet, *tener* ist ein Vollverb und hat die Bedeutung von „haben" im Sinne von „besitzen". Häufig wird das deutsche Wort „haben" im Spanischen aber mit einem ganz anderen Verb wiedergegeben. Ein Beispiel:

¿Me puedes ***pasar*** *la sal, por favor?* — Kann ich bitte das Salz **haben**?

Achtung! Das deutsche Perfekt wird im Spanischen oft mit dem *indefinido* wiedergegeben:

Ayer ***trabajé*** *mucho.* — Gestern **habe** ich viel **gearbeitet**.

Übersetzen Sie die folgenden Sätze.

a Hast du Zeit? Wir könnten ins Kino gehen.

b Dein Kleid gefällt mir sehr. Wo hast du es gekauft?

c Kann ich bitte die Butter haben?

d Das hat nichts zu sagen.

e Paco hat noch nicht angerufen.

f Was hat er denn? Warum hat er so schlechte Laune?

g Du hast mit dieser Sache nichts zu tun.

h Warum hast du es so eilig?

i Wir hatten Glück, das Theaterstück hatte noch nicht angefangen.

j Ich habe es satt!

k Wir haben Ruhe dringend nötig.

l Ich habe es aus guter Quelle.

podríamos	wir könnten
el asunto	die Sache, Angelegenheit
la suerte	das Glück
la obra	*hier* das (Theater-)Stück
de buena fuente	aus guter Quelle

43 Das kannst du dir an den fünf Fingern abzählen!

Zahlen braucht man in vielen Situationen: Man benötigt sie zur Angabe eines Preises, der Handynummer, des Alters, von Entfernungen, zum Rechnen usw. Im Spanischen ist bei den Zahlen Folgendes zu beachten:

- *uno* als Zahlwort verhält sich wie der unbestimmte Artikel im Singular, d. h. die mit *uno* gebildeten Zahlen passen sich dem Geschlecht des Substantivs an: *uno* wird vor einem maskulinen Substantiv zu un *(un euro* 1 €, *veintiún euros* 21 €*)*, vor einem femininen Substantiv steht una *(una libra* 1 £, *veintiuna libras* 21 £*)*
- für die Hunderter ab 200 gibt es eine maskuline und eine feminine Form: *doscientos euros* 200 €, *doscientas libras* 200 £
- *mil* steht als Zahl nicht im Plural *(dos mil* 2000*)*, aber: *miles de personas* (Tausende von Personen)
- „eine Milliarde" sind *mil millones*
- „ungefähr, etwa" wird durch *unos / unas* vor der Zahl ausgedrückt: *Habían venido unas 40 personas.* (Es waren ungefähr 40 Personen gekommen.)

Schreiben Sie die Zahl in der Klammer aus.

a Lo primero un poco de mates:

3 + 13 = 16 (3) ____________ más (13) ____________ son (16) ____________

15 – 14 = 1 (15) ____________ menos (14) ____________ es (1) ____________

11 x 7 = 77 (11) ____________ por (7) ____________ son (77) ____________

12 : 2 = 6 (12) ____________ entre (2) ____________ son (6) ____________

b El Mulhacén, con (3.482) ________________________________ metros de altura, es el pico más alto de la Península Ibérica.

c ¿A cuántos kilómetros está Zaragoza de Toledo?

– A (etwa 400) ______________________ .

d Este libro tiene (321) ________________________ páginas y

(31) ____________________ capítulos.

e El Reino Unido está fuera de la zona euro y utiliza todavía la libra esterlina

como moneda nacional. Al cambio de hoy, (576) ________________________

____________ libras son (645) _________________________ euros.

f Más de (20.000) __________________ jóvenes acudieron al concierto al aire libre.

g ¿A cuánto está hoy la merluza ? – Más o menos, a (etwa 9) _____________

euros la fresca y a (etwa 5) _____________ la congelada.

h Según el Instituto Nacional de Estadística, España tiene una extensión de

(504.645) ____

kilómetros cuadrados, con (4.872) __________________________________

kilómetros de costas y (2.013) _________________ kilómetros de fronteras

terrestres. En marzo de (2008) _______________ , la población ascendía a

(46.157.822) ____

______________________ habitantes.

las mates (las matemáticas)	die Mathe (die Mathematik)
la zona euro	die Eurozone
la libra esterlina	das Pfund Sterling
la moneda nacional	die Landeswährung
al cambio de hoy	zum heutigen Wechselkurs
fresco	frisch
congelado	tiefgefroren

la extensión	*hier* die Größe
terrestre	Land-
la población	die Bevölkerung
ascender *(-ie-)*	*hier* betragen

44 Groß, größer ...

Personen oder Gegenstände kann man wie folgt vergleichen:

– bei Ungleichheit mit dem Komparativ:
  más / menos + Adjektiv / Adverb / Substantiv + *que*
  El hierro es más duro que el cobre. — Eisen ist härter als Kupfer.
  Verb + *más / menos que*
  Ellos ganan menos que nosotros. — Sie verdienen weniger als wir.

– bei Gleichheit mit:
  tan + Adjektiv / Adverb + *como*
  Ella juega al tenis tan bien como él. — Sie spielt genauso gut Tennis wie er.
  tanto/-a/-/os/-as + Substantiv + *como*
  Ávila no tiene tantos habitantes como Madrid. — Ávila hat nicht so viele Einwohner wie Madrid.
  Verb + *tanto como*
  Trabajo tanto como tú. — Ich arbeite genauso viel wie du.

Achtung! Besondere Komparativformen bilden: *bueno / bien → mejor, malo / mal → peor, mucho → más, poco → menos*

Nach Zahlen sagt man *más / menos de*: *más de 50 €, pero menos de 100 €*

Welche Wörter fehlen im Vergleich? Kreuzen Sie die richtige Kombination an.

a Juan mide 1,70 m, Paco mide 1,85 m y Felipe mide también 1,70 m.
Paco es _____ alto _____ Juan. ☐ más / que ☐ tanto / como
Juan es _____ alto _____ Felipe. ☐ tanto / como ☐ tan / como

b La blusa rosa cuesta 43,00 €, la azul 59,00 €.
La blusa azul es _____ cara _____ la blusa rosa. ☐ menos / que ☐ más / que
La blusa rosa no cuesta _____ la azul. ☐ tanto como ☐ tan como

c Mi padre tiene 46 años y mi madre también.
Mi padre tiene _____ años _____ mi madre. ☐ tanto / como ☐ tantos / como

d La grasa animal es mala para la salud y el aceite de oliva es bueno.
La grasa animal es _____ para la salud _____ el aceite de oliva. ☐ peor / que ☐ tan peor / como

e En Guadalajara hay 14 salas de cine, pero en Madrid pasan de 580.
En Guadalajara hay _____ salas de cine _____ en Madrid. ☐ menos / que ☐ menos / como
En Guadalajara no hay _____ salas de cine _____ en Madrid. ☐ tantos / como ☐ tantas / como

f Yo llegué a las ocho y Aurelio a las ocho y cuarto.
Aurelio llegó _____ tarde _____ yo. ☐ más / como ☐ más / que

g A mi tío le gusta muchísimo leer. Tiene exactamente 526 libros.
Mi tío tiene _____ 500 libros. ☐ más / de ☐ más / que

h La madera de pino se trabaja bien y la de olivo mal.
La madera de pino se trabaja _____ la de olivo. ☐ mejor que ☐ más que
La madera de pino no se trabaja _____ mal _____ la de olivo. ☐ tanto / como ☐ tan / como

i Un perro vive de media 13 años y un loro 70.
Un perro no vive _____ años _____ un loro. ☐ tantos / como ☐ tan / como
Un perro no vive _____ un loro. ☐ tanto como ☐ tantos como
Un loro vive _____ años _____ un perro. ☐ más / que ☐ menos / que

medir *(-i-)*	groß sein
la grasa animal	das tierische Fett
el pino	die Kiefer
de media	im Durchschnitt
el loro	der Papagei

45 … am größten! Riesengroß!

Ein Gegenstand ist so groß, wie er größer nicht sein kann? Im Spanischen gibt es zwei Möglichkeiten, dies auszudrücken:

– mit dem relativen Superlativ: bestimmter Artikel + Substantiv + *más* + Adjektiv

***El** río **más largo** de España es el Tajo.*	Der längste Fluss Spaniens ist der Tajo.

oder: bestimmter Artikel + *más* + Adjektiv / Adverb

*Lorena es **la más guapa** de la clase.*	Lorena ist die hübscheste in der Klasse.

– mit dem absoluten Superlativ durch Anhängen der Endung *-ísimo/-a/-os/-as*. Für die deutsche Übersetzung wird oft ein bildhafter Ausdruck oder ein Zusatz verwendet wie „bildhübsch", „potthässlich", „wahnsinnig groß" usw.

*Lorena es **guapísima**.*	Lorena ist bildhübsch.

Übersetzen Sie den deutschen Ausdruck in der Klammer.

a La fiesta de anoche fue (stinklangweilig) ______________ .
b A Elena le da igual si es latín, matemáticas o física: para ella todas las asignaturas son (kinderleicht) ______________ .
c Luis, ¿esta niña de la foto es tu hija? ¡Es (bildhübsch) ______________ !
d – Mira, este es (der schöneste Ring) ______________ que yo he visto nunca.
~ Sí, es verdaderamente precioso, pero también es (sündhaft teuer) ______________ .
e Este gazpacho es (der leckerste) ______________ que yo he tomado nunca.
f Manolo es (der größte Junge) ______________ de la clase. Con sus más de dos metros es más alto que todos los demás. Es (riesengroß) ______________ .
g El *Óscar* es un premio muy deseado, pero a mí la estatuilla me parece (potthässlich) ______________ .
h Es verdaderamente difícil leer estas instrucciones. La letra es (winzig klein) ______________ .
i En casa de mi tía todo está siempre (blitzsauber) ______________ . No es de extrañar, se pasa el día limpiando.

j ¿(Der längste Fluss) ______________________ de Europa? ¡El Danubio!
k La escalada libre es (die gefährlichste Sportart) ______________________ ____________ que conozco. Es (extrem gefährlich) ________________ .
l El sillón marrón de cuero es ya (uralt) __________________ , pero nunca he tenido ninguno tan cómodo.

la asignatura	das (Unterrichts-)Fach
el anillo	der Ring
precioso	wunderschön
rico	lecker
deseado	begehrt
la estatuilla	die Statuette
las instrucciones	die Gebrauchsanweisung
la letra	*hier* die Schrift
No es de extrañar.	Kein Wunder.
la escalada libre	das Freeclimbing
la modalidad deportiva	die Sportart

46 *¡Acabo de volver!* – Bin gerade zurück!

Verbale Umschreibungen (*perífrasis verbales*) werden im Spanischen oft verwendet. Sie bestehen aus einem konjugierten Verb und einer unpersönlichen Verbform (Infinitiv, Gerundium oder Partizip). *Perífrasis verbales* können nicht wortwörtlich ins Deutsche übersetzt werden, weshalb auf andere Konstruktionen, z.B. mit einem Adverb, zurückgegriffen werden muss. Die folgenden verbalen Umschreibungen brauchen Sie für die Übung.

- Verb (+ Präposition) + Infinitiv:
  acabar de → soeben getan haben
  empezar / echar a → anfangen zu tun
  ir a → gleich tun
  volver a → wieder tun
  dejar de → nicht mehr tun
  estar a punto de → gerade dabei sein zu tun
  soler → gewöhnlich tun

- Verb + Gerundium:
  estar → gerade tun *seguir* → weiterhin tun
- *perífrasis verbales* mit *llevar*:
  llevar + Zeitangabe + Gerundium → etw. schon seit einiger Zeit tun
  llevar + Zeitangabe + *sin* + Infinitiv → etw. schon seit einiger Zeit nicht tun
  llevar + Partizip → etw. schon getan haben

Formen Sie den Satz so um, dass der neue Satz eine verbale Umschreibung enthält.

a Ya no fumo.
He dejado de fumar.

b Hacía varios días que el enfermo no comía.

c A partir de este momento no entiendo nada.

d Cuando salimos del cine parecía que dentro de poco nevaría.

e ¡Menos mal, en este momento ya no llueve!

f ¿Hace mucho que habéis venido?
– No, hemos llegado hace muy poco.
–

g ¿Cuántos cigarrillos has fumado hasta ahora hoy?

h Hoy ha nevado otra vez, pero menos que ayer.

i De niños jugábamos habitualmente aquí.

j ¿Se ha despertado el niño?
– No, duerme todavía.
–

k ¿A qué edad anduvo por primera vez Mónica? – A los once meses.

l Por favor, ya no molestes más.

a partir de	von ... an
dentro de poco	in Kürze
habitualmente	gewöhnlich
molestar	belästigen

47 Viele Köche verderben den Brei.

Es ist ein Unterschied, ob Sie ein leckeres Essen, Tee oder einfach nur Wasser „kochen" – und auf Spanisch drücken Sie das auch unterschiedlich aus:

- Mit *cocinar* oder *preparar una comida* geben Sie an, dass Sie eine Mahlzeit ganz allgemein zubereiten.
- Bringen Sie Wasser oder eine andere Flüssigkeit zum Sieden oder Kochen, so tun Sie das mit *hervir* oder *llevar a ebullición*.
- Kartoffeln, Nudeln, Reis, Gemüse usw. lassen Sie mit *cocer* gar kochen oder mit *guisar* längere Zeit vor sich hin kochen.
- Tee und Kaffee werden mit *hacer* oder *preparar* gemacht.
- Kochen Sie einfach gerne, nennen Sie das *cocinar*.
- Und sind Sie so wütend, dass Ihnen das Blut kocht, nehmen Sie ebenfalls *hervir*.

Wählen Sie aus der Liste das passende Verb aus und tragen Sie es in die Lücke ein.

cocinar (2 ×) cocer cuece cuecen estaba haciendo guisamos guisar hazme hervía hierve hirviendo llevas ... a ebullición prepara preparo

a El mosto ________________ en las cubas de roble y se convierte en vino.
b Las alubias de La Bañeza son famosas porque ________________ muy bien.
c ¿Qué significa ________________ las patatas? – ________________las en una salsa después de rehogarlas.
d En mi tierra la carne de caza la ________________ con tomate.
e – ¿Cómo te gustan los huevos, duros o pasados por agua?
~ Yo los dejo durante unos 5 minutos en agua ________________ .
f – ¿Te ________________ una manzanilla o prefieres un té?
~ ________________ , mejor, un café, si no te importa.

g ¿Una infusión de manzanilla? Fácil: ________________ el agua ________________, apagas el fuego, echas la manzanilla y la dejas reposar 10 minutos.
h Le ________________ la sangre, pero no podía hacer nada.
i ¿Quién ________________ hoy la comida?
j ¿A quién le toca ________________ hoy?
k ¿ ________________ ya el agua para la pasta? – No, aún falta un poco.
l La mujer ________________ la comida cuando llamaron a la puerta.
m Si ________________ es un arte, los cocineros son artistas.

la cuba de roble	das Fass aus Eichenholz
convertirse *(-ie-)* en	sich umwandeln in
la alubia	die (weiße) Bohne
rehogar	*hier* in Öl anbraten
pasado por agua	*hier* weich gekocht
la manzanilla	die Kamille
el té	der (schwarze) Tee
si no te importa	wenn es dir nichts ausmacht
la infusión	der (Kräuter-)Tee
apagar el fuego	*hier* den Herd abschalten
dejar reposar	ziehen lassen
¿A quién le toca?	Wer ist an der Reihe?

48 Immer wenn ich ihn sehe ...

Cuando und *si* lassen sich beide mit „wenn" übersetzen. *Cuando* wird zeitlich verwendet und hat die Bedeutung „immer wenn", *si* gibt eine Bedingung an und bedeutet „falls".

Verbinden Sie die Satzhälften zu einem sinnvollen Satz.

a	En verano, cuando hace buen tiempo	1	nunca están en casa.
b	Si mañana no hace tanto frío	2	no pego ojo en toda la noche.
c	Son las ocho. Si salís ahora	3	llegará enseguida a la catedral.
d	No sé por qué, pero cuando lo veo	4	Cuento ovejas. No, en serio, tomo un somnífero.
e	Cuando sube las escaleras	5	aún llegaréis a tiempo.
f	Tengo mala suerte: cuando los llamo	6	preguntad al profesor.
g	Si los llamas y no responden	7	iremos a la playa.
h	Cuando tomo café después de cenar	8	le pregunto al profesor.
i	Si no entendéis el problema	9	es que no están en casa.
j	Cuando no entiendo un problema	10	estoy siempre medio dormido.
k	Si continúa usted por esta calle	11	se fatiga mucho.
l	Cuando me levanto	12	vamos a la playa.
m	Cuando se sobrevuela España	13	¡me tiemblan las piernas!
n	¿Qué haces si no puedes dormir?	14	se ven muchos espacios vacíos.

sobrevolar ***(-ue-)***	überfliegen
no pegar ojo	kein Auge zumachen
el somnífero	das Schlafmittel
estar medio dormido	noch halb schlafen
fatigarse	müde werden
temblar ***(-ie-)***	zittern
el espacio	*hier* die Fläche

49 *¿Cuál?, ¿Cuáles?* oder *¿Qué?* – Hätten Sie's gewusst?

Hier geht es um die richtige Anwendung der spanischen Entsprechungen für das Fragewort „welcher, -e, -s" bzw. „was": *¿cuál? / ¿cuáles?* und *¿qué?*

– Mit *¿cuál? / ¿cuáles?* und *¿qué?* + Substantiv wählt man aus einer Menge von Gegenständen gleicher Natur aus:

Tengo helado de fresa y de chocolate. ¿Cuál quieres? / ¿Qué helado quieres?	Ich habe Erdbeer- und Schokoladeneis. Welches möchtest du? / Welches Eis möchtest du?

– Mit *¿qué?* fragt man nach Gegenständen unterschiedlicher Natur:

Tengo helado y flan. ¿Qué quieres?	Ich habe Eis und Karamellpudding. Was möchtest du?

Vervollständigen Sie die Sätze und kurzen Dialoge mit *cuál, cuáles* oder *qué*.

a ¿ __________ examen preparamos primero, el de Física o el de Filosofía?
b Sé que una de estas dos llaves es la del garaje, pero no sé __________ .
c Tengo café normal y descafeinado; ¿ __________ prefieres?
d ¿ __________ elegirías tú para decorar la mesa, flores o velas?
e Ignoro __________ han sido las razones por las que lo han despedido.
f ¿ __________ hay hoy para cenar?
g Tenemos que limpiar la casa y lavar los coches. ¿ __________ prefieres hacer tú?
h – ¿ __________ son los síntomas del Alzheimer?
~ Pérdida de memoria, miedo, falta de orientación en lugares conocidos.
i – En esta terraza pega demasiado el sol; habrá que montar un toldo o una marquesina. ¿ __________ prefieres?
~ Yo un toldo, es más práctico.
– Los hay en colores lisos y a rayas. ¿ __________ te gustan más?
j ¿ __________ llevas cuando tienes una reunión con clientes, un pantalón con jersey o un traje de chaqueta y falda?
k – ¿ __________ méritos había hecho Jorge Luis Borges para ganar el Premio Nobel de Literatura?
~ Todos los necesarios, pero nunca se lo dieron.
l – ¿ __________ fueron exactamente las últimas palabras de Julio César?
~ "Tu quoque, fili mihi?", es decir, "¿Tú también, hijo mío?", dichas a Bruto, su asesino.

el café descafeinado	der entcoffeinierte Kaffee
ignorar	nicht wissen
despedir *(-i-)*	entlassen
el toldo	das Sonnendach
la marquesina	die Markise
en colores lisos	einfarbig
a rayas	gestreift
el traje de chaqueta y falda	das Kostüm
el mérito	das Verdienst
Jorge Luis Borges	*argentinischer Schriftsteller (1899 – 1986)*
el asesino	der Mörder

50 Auf jeden Topf passt ein Deckel!

In der Pfanne braten Sie Koteletts und im Dampftopf kochen Sie Kartoffeln und Gemüse. Außer Pfanne und Dampftopf gibt es noch viele Gerätschaften, die Sie täglich in der Küche benutzen.

Tragen Sie in das *crucigrama* die gesuchten Utensilien ein.

Sirve para ...

Horizontales

1 machacar los ajos
6 colar líquidos
9 tostar, especialmente el pan
10 cubrir la olla
12 sacar a mano el zumo a los limones
14 pesar los ingredientes
15 dar forma a los dulces
16 abrir botes y latas
17 cocer alimentos, calentar agua ...

Verticales

2 rallar queso parmesano
3 sacar el caldo de la olla
4 licuar frutas y hortalizas
5 guisar en ella los alimentos
7 espumar el caldo
8 batir (a máquina) los alimentos
11 freír alimentos, especialmente patatas
13 dar la vuelta a las chuletas

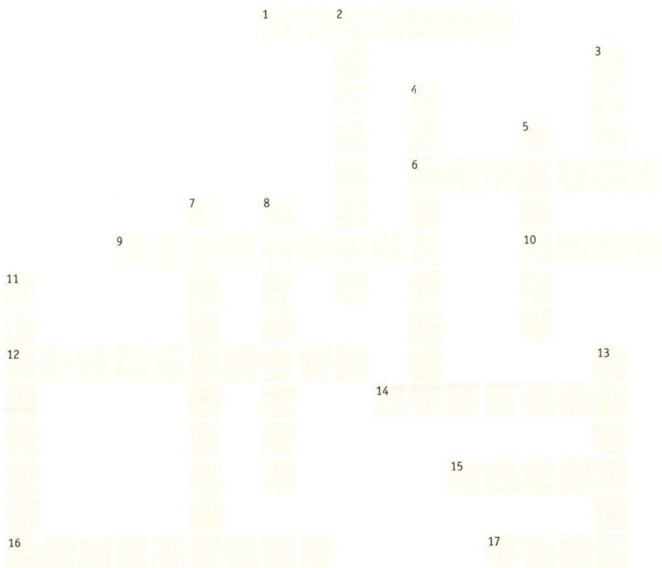

machacar	zerstoßen
colar ***(-ue-)***	durchseihen
sacar	*hier* pressen; schöpfen
pesar	abwiegen
el bote	die Büchse
cocer ***(-ue-)***	kochen
los alimentos	die Lebensmittel
rallar	reiben
el caldo	die Brühe
licuar	entsaften
las hortalizas	das Gemüse
guisar	schmoren
espumar	(den Schaum) abschöpfen
batir	schlagen
la chuleta	das Kotelett

51 Hier hat alles seinen Platz!

Um anzugeben, wo sich ein Gegenstand befindet, verwendet man Präpositionen des Ortes. Hier einige der wichtigsten:
a la derecha de („rechts von"), *a la izquierda de* („links von"), *cerca de* („nahe bei"), *al lado de / junto a* („neben"), *entre* („zwischen"), *delante de* („vor"), *detrás de* („hinter"), *encima de* („auf, über"), *sobre* („auf, über"), *debajo de* („unter").
Der Ort wird meistens mit *de* oder *a* + Artikel angeschlossen, auf einige Präpositionen folgt er direkt.

Sehen Sie sich die Zeichnung an und vervollständigen Sie die Sätze.

a El sofá está *en la pared de la izquierda*.
b ______________________ hay una mecedora.
c Hay muchas plantas ______________________.
d El gato duerme ______________________.
e ______________________ hay un armario bastante grande.

f El piano está ____.

g ____ hay un escritorio.

h ____ hay una mesa con cuatro sillas.

i ____ hay una alfombra.

j ____ hay un jarrón.

k Hay dos lámparas: la lámpara de pie está ______________________________
y la otra cuelga del techo, ____.

l Hay otra alfombra ____.

m ____ hay una estantería con libros.

n El televisor está ____.

la mecedora	der Schaukelstuhl
el alféizar	die Fensterbank
el armario	der Schrank
el escritorio	der Schreibtisch
la alfombra	der Teppich
el jarrón	die Vase
la lámpara de pie	die Stehlampe
colgar *(-ue-)* del techo	an der Decke hängen
la estantería	das Regal
el televisor	der Fernseher
la mesita	das Tischchen

52 Zweimal „bringen“ – *¿Llevar* oder *traer?*

Wann man „bringen“ mit *llevar* und wann mit *traer* übersetzt, hängt vom Standort des Sprechenden ab. Als Faustregel gilt:

- *traer* = etwas von einem anderen Ort zum Ort des Sprechenden bringen:
  ¿Me trae otra copa de vino, por favor? — Bringen Sie mir bitte noch ein Glas Wein?
- *llevar* = etwas vom Ort des Sprechenden zu einem anderen Ort mitnehmen:
  ¿Te llevo a la estación en coche o quieres ir andando? — Soll ich dich mit dem Auto zum Bahnhof bringen oder möchtest du zu Fuß gehen?

Kreuzen Sie das richtige Verb an.

a	¿Quién te ___ estas flores tan hermosas?	☐ ha traído	☐ ha llevado
b	*Si el hablante está en ese momento en Ponferrada, se dice:* De Astorga a Ponferrada ___ a un chico francés que hacía autoestop.	☐ trajimos	☐ llevamos
c	*Si el hablante no está en ese momento en Ponferrada, se dice:* De Astorga a Ponferrada ___ a un chico francés que hacía autoestop.	☐ trajimos	☐ llevamos
d	¿Cómo has venido desde Madrid? – Un amigo me ___ en moto.	☐ ha traído	☐ ha llevado
e	¿Qué le ___ Caperucita Roja a su abuela en la cesta?	☐ traía	☐ llevaba
f	¡ ___ fuera de aquí, no me gusta este sitio!	☐ Tráeme	☐ Llévame
g	Si pasas por la tienda, ___ , por favor, una barra de pan.	☐ trae	☐ lleva
h	Las madres ___ a sus hijos a la guardería.	☐ traen	☐ llevan
i	Sí, es cierto, aquel día el cartero nos ___ una buena noticia.	☐ trajo	☐ llevó
j	___ las llaves del coche a papá.	☐ Tráele	☐ Llévale
k	¡ ___ otra cerveza y otro vino, por favor!	☐ Tráiganos	☐ Llévenos
l	¿ ___ el gato al veterinario?	☐ Habéis traído	☐ Habéis llevado
m	___ para el salón estas sillas, por favor.	☐ Trae	☐ Lleva
n	Cuando fuimos a París, nuestra hija nos ___ a ver la Torre Eiffel.	☐ trajo	☐ llevó
o	Sara se ___ a casa todos los gatos heridos que encuentra por la calle.	☐ trae	☐ lleva

Astorga y Ponferrada	*Städte in der Provinz Léon*
hacer autoestop	per Anhalter fahren
Caperucita Roja	Rotkäppchen
la cesta	der Korb
la guardería	der Kindergarten
el cartero	der Briefträger
el veterinario	der Tierarzt
herido	verletzt

53 *¡Cuidado!* Falsche Freunde! II

Auch unter den spanischen Verben gibt es „falsche Freunde", also Wörter, die in der Muttersprache und in der Fremdsprache gleich oder ähnlich aussehen, aber verschiedene Bedeutungen haben. Übersetzt heißt z. B. *concurrir* nicht „konkurrieren", sondern „zusammenkommen / zeitlich zusammenfallen" oder „teilnehmen". „Konkurrieren" ist auf Spanisch *competir* oder *rivalizar*.

Wählen Sie aus der deutschen und spanischen Verbliste den richtigen Begriff aus und tragen Sie ihn in die Tabelle ein.

verlosen (aus)strahlen schütteln (ver)ehren fördern betreffen auferlegen (Steuern, Strafe) ~~zahlen~~ schmelzen beenden freisprechen (Würde) verleihen

impresionar cursar invertir fundamentar borrar respetar clasificar ~~suscribir~~ fijar un plazo remunerar doctorarse actuar

a	*abonar*	→	*zahlen*	abonnieren	→	*suscribir*
b	*promover*	→		promovieren	→	
c	*respectar*	→		respektieren	→	
d	*agitar*	→		agieren	→	
e	*sortear*	→		sortieren	→	
f	*imponer*	→		imponieren	→	
g	*fundir*	→		fundieren	→	
h	*honrar*	→		honorieren	→	
i	*radiar*	→		radieren	→	
j	*absolver*	→		absolvieren	→	
k	*investir*	→		investieren	→	
l	*terminar*	→		terminieren	→	

54 Schwer oder leicht? Das kann wirklich schwierig sein!

Den deutschen Adjektiven „leicht“ und „schwer“ entsprechen verschiedene spanische Wörter:

„leicht“
- *ligero* → ein geringes Gewicht haben, leicht verdaulich sein, leichte Kleidung
- *fácil, sencillo* → einfach
- *leve* → unbedeutend, z. B. ein Fehler, eine Krankheit

„schwer“
- *pesado* → ein großes Gewicht haben, schwer verdaulich sein
- *difícil* → schwierig
- *grave* → ernst, schwerwiegend, z. B. ein Fehler, eine Krankheit
- *duro* → hart, mühsam, z. B. eine Arbeit

Wählen Sie das jeweils passende Adjektiv aus.

a	En verano nos ponemos ropa muy ___ .	☐ leve	☐ ligera
b	¡Cuidado con ese bulto, es muy ___ !	☐ duro	☐ pesado
c	A la orilla del mar sopla siempre una ___ brisa.	☐ fácil	☐ leve
d	Las verduras son más ___ que la carne.	☐ ligeras	☐ fáciles
e	Este ejercicio es muy ___ .	☐ fácil	☐ ligero
f	El trabajo en las minas era muy ___ .	☐ duro	☐ difícil
g	El alemán es una lengua bastante ___ .	☐ dura	☐ difícil
h	No es cosa ___ educar a un hijo.	☐ ligera	☐ sencilla
i	Por una falta ___ te pueden expulsar del colegio.	☐ grave	☐ pesada
j	Cassius Clay fue campeón mundial de los pesos ___ .	☐ graves	☐ pesados
k	El cáncer es una enfermedad muy ___ .	☐ pesada	☐ grave
l	Mi marido tiene el sueño muy ___: se despierta al menor ruido.	☐ sencillo	☐ ligero
m	Es muy ___ quedarse huérfano.	☐ difícil	☐ duro
n	Este casco es ___ como una pluma.	☐ ligero	☐ sencillo
o	El bombero sufrió quemaduras ___ en una mano.	☐ leves	☐ fáciles

el bulto	*hier* das Gepäckstück
la orilla	das Ufer
soplar	wehen

la mina	das Bergwerk
expulsar del colegio	von der Schule verweisen
el huérfano	der Waise
el casco	der Schutzhelm
la pluma	die Feder
el bombero	der Feuerwehrmann
la quemadura	die Verbrennung

55 Zweimal „während“: *durante* und *mientras*

Mientras und *durante* werden im Deutschen mit „während“ übersetzt. Der Unterschied im Spanischen: *Durante* wird in Verbindung mit einem Substantiv verwendet, *mientras* dagegen leitet einen Nebensatz ein.

Durante el tiempo *que estuvo enfermo leyó muchos libros.*	Während der Zeit, als er krank war, las er viele Bücher.
Leyó muchos libros ***mientras estuvo enfermo****.*	Er las viele Bücher, während er krank war.

Setzen Sie *durante* oder *mientras* ein und formen Sie die Sätze dann um (*durante* → *mientras* und *mientras* → *durante*).

a *Durante* mi permanencia en España aprendí mucho español.
Mientras permanecí en España aprendí mucho español.

b Ayer por la tarde, ______ veía la película, sonó tres veces el teléfono.
______

c Es de mala educación leer ______ se come.
______

d ______ la clase no se come chicle.
______

e Está prohibido beber alcohol ______ se trabaja.
______

f _______________ su ausencia lo sustituyó un colega.

____

g _______________ estuvimos de viaje vimos muchas cosas.

____

h _______________ estuve en Inglaterra tomé mucho té con leche.

____

i La paciente se desmayó _______________ el médico la estaba visitando.

____

j El general fue alertado _______________ la celebración del desfile militar.

____

la permanencia	der Aufenthalt
permanecer *(-zc-)*	bleiben, sich aufhalten
la mala educación	die schlechte Erziehung
el chicle	der Kaugummi
la ausencia	die Abwesenheit
sustituir	*hier* vertreten
la estancia	der Aufenthalt
desmayarse	ohnmächtig werden
alertar	alarmieren
la celebración	*hier* das Abhalten
el desfile militar	die Militärparade

56 Zum Ersten, zum Zweiten und zum Dritten!

Ordnungszahlen werden im Spanischen viel seltener verwendet als im Deutschen. In der Umgangssprache sind nur die Ordnungszahlen von 1 bis 10 gebräuchlich, ab 11 werden die Grundzahlen benutzt. Und für das Datum kann man ganz auf sie verzichten. Nur für den 1. Mai sind beide Zahlen möglich: *el uno de mayo* oder *el primero de mayo*.

Grund- oder Ordnungszahl? Kreuzen Sie die richtige Zahl an.

a	Mi cumpleaños es el ___ de abril.	☐ veintiuno	☐ vigesimoprimero
b	Mis padres viven en el ___ piso y	☐ primero	☐ primer
	nosotros en el ___ .	☐ tercero	☐ tercer
c	El emperador Carlos ___ de España	☐ uno	☐ primero
	fue el padre de Felipe ___ .	☐ dos	☐ segundo
d	¿A qué piso va usted? – Al ___ .	☐ siete	☐ séptimo
e	¿Y a qué piso va usted? – Al ___ .	☐ quince	☐ decimoquinto
f	El ___ de mayo es la fiesta internacional del Trabajo.	☐ uno	☐ primero
g	El ___ de mayo es el Día de la Comunidad de Madrid.	☐ dos	☐ segundo
h	Einstein es uno de los personajes más relevantes del siglo ___ .	☐ veinte	☐ vigésimo
i	Alejandro Magno vivió en el siglo ___ a. C.	☐ cuatro	☐ cuarto
j	¿Las oficinas del periódico *El Mundo*, por favor? – En la planta ___ .	☐ doce	☐ decimosegunda
k	Alfonso ___ de Borbón se exilió	☐ trece	☐ decimotercero
	el ___ de abril de 1931,	☐ catorce	☐ decimocuarto
	al proclamarse la ___ República.	☐ Dos	☐ Segunda

el emperador	der Kaiser
la Comunidad de Madrid	die Autonome Region Madrid
relevante	bedeutend
Alejandro Magno	Alexander der Große
a. C. (antes de Cristo)	v. Chr. (vor Christus)
exiliarse	ins Exil gehen
al proclamarse ...	als ... ausgerufen wurde

57 *Todo o nada.* – Alles oder nichts.

Hier geht es um den Gebrauch der unbestimmten Fürwörter (Indefinita):
Es gibt unveränderliche wie *alguien* (jemand), *nadie* (niemand), *algo* (etwas), *todo* (alles) und *nada* (nichts), und veränderliche wie *alguno/-a/-os/-as* ([irgend]eine/r; einige), und *ninguno/-a/-os/-as* (keine/r), deren Endung sich nach dem Substantiv richtet, auf das sie sich beziehen.
Achtung: *Alguno* und *ninguno* werden vor maskulinen Substantiven im Singular zu *algún* bzw. *ningún* verkürzt: *algún día* (eines Tages)
Nadie, nada und *ninguno* werden doppelt verneint, wenn sie nachgestellt sind: *No he visto a nadie.* (Ich habe niemanden gesehen.)

Übersetzen Sie.

a – Seid ihr schon einmal in Galicien gewesen?
~ Ja, 2001 waren wir einige Tage in Santiago de Compostela.

b – Hast du irgendeine CD mit spanischen Weihnachtsliedern?
~ Nein, ich habe leider keine.

c – Kannst du mir noch ein Stückchen Tortilla geben?
~ Tut mir leid. Es ist nichts mehr übrig.

d – Ich habe Hunger. Wollen wir etwas essen?
~ Ich habe schon gegessen, aber ich werde dich gerne begleiten.

e Muss es denn immer „alles oder nichts" sein?

f – Hat jemand mein Handy gesehen? Ich habe es auf dem Tisch liegen lassen.
~ Ich habe nichts gesehen.

g – Ist jemand da?
~ Psst, schrei nicht! Ich glaube, es ist niemand da...

h – Wünschen Sie noch etwas, Señora?
~ Nein, nichts mehr, danke, das ist alles.

i Weißt du etwas von Eloísa? Seit einem Monat habe ich nichts mehr von ihr gehört.

j – Hat eine von euch die Autoschlüssel in der Kneipe gelassen?
~ Oh, meine Schlüssel! Zum Glück stiehlt in diesem Ort niemand etwas ...

el villancico	das Weihnachtslied
el trocito	das Stückchen
acompañar	begleiten
dejar	*hier* liegen lassen
¡Chisss!	Psst!
las llaves del coche	die Autoschlüssel
¡Huy!	Oh!
menos mal	zum Glück

58 Kaffeekanne, Zuckerdose und andere Behälter

Mit der Endung *-ero/-era* enden viele spanische Bezeichnungen für ein Behältnis. Und so bilden Sie ausgehend vom Inhalt das Wort für den Behälter.

- der letzte Vokal des Ausgangswortes wird durch *-ero/-era* ersetzt:
  sopa (Suppe) → *sopera* (Suppenschüssel)
- *-ero/-era* wird an den Endkonsonanten angehängt:
  sal (Salz) → *salero* (Salzstreuer)
- *-tero/-tera* wird angehängt, wenn das Ausgangswort auf *-é* endet
  café (Kaffee) → *cafetera* (Kaffeekanne)

Eins ist also sicher: Kennen Sie das Ausgangswort, wissen Sie auch, dass es sich bei dem Wort mit der Endung *-ero/-era* in den meisten Fällen um das dazugehörige Behältnis handelt.

Geben Sie das entsprechende Behältnis an.

a	café	la *cafetera*	Kaffeekanne
b	sopa	la ______	Suppenschüssel
c	pan	la ______	Brotkorb
d	té	la ______	Teekanne
e	ensalada	la ______	Salatschüssel
f	salsa	la ______	Sauciere
g	azúcar	el ______	Zuckerdose
h	sal	el ______	Salzstreuer
i	pimienta	el ______	Pfefferstreuer
j	aceite	la ______	Ölkännchen
k	vinagre	la ______	Essigkännchen
l	especia	el ______	Gewürzregal
m	paella	la ______	Paellapfanne
n	fruta	el ______	Obstschale
o	fiambre	la ______	Picknickdose
p	mantequilla	la ______	Butterdose
q	bombón	la ______	Bonbonniere
r	flan	la ______	Puddingform

la especia	das Gewürz
el fiambre	der Aufschnitt
el flan	der Karamellpudding

59 Dasselbe noch einmal, bitte!

Als Adjektiv richtet sich *mismo/-a/-os/-as* („der-/die-/dasselbe" oder „der / die / das gleiche") nach dem dazugehörigen Substantiv. In Verbindung mit einem Adverb ist *mismo* unveränderlich und verstärkt dessen Bedeutung, wie z. B. bei *ahora mismo* „jetzt gleich", *aquí mismo* „genau hier". *Mismo/-a/-os/-as* kann auch mit „persönlich" und *mismísimo/-a/-os/-as* mit „höchstpersönlich" übersetzt werden.

Verbinden Sie die Sätze und geben Sie den Ausdruck in der Klammer auf Spanisch an.

a	Juan y Miguel son gemelos.	1	¡Ven (jetzt gleich) ________ !
b	¿Cierro la ventana o la dejo abierta?	2	(Ich selbst) ________ lo haré.
c	¿Quién ha dejado desordenados los pupitres?	3	¡(Dem König höchstpersönlich) ________ !
d	¿No es esa la mujer que ayer estaba en la estación?	4	Ponlas (gleich dahin) ________ .
e	¿Dónde pongo estas bolsas?	5	Nacieron (am selben Tag) ________ .
f	¿Es que nadie va a hacer este trabajo?	6	¿Te lo han robado (vor deiner eigenen Nase) ________ ?
g	¿A quién dices que le dio la mano?	7	Para mí (dasselbe) ________ , gracias.
h	¡Susana, ven aquí inmediatamente!	8	Ambas tienen (dieselbe Form) ________ .
i	Para la señora un café irlandés, ¿y para usted, caballero?	9	Que empezó a hablar solo, (mit sich selbst) ________ .
j	Es necesario que estos documentos lleguen a Italia antes de 48 horas.	10	(Das ist gleich) ________ .
k	¿Cuáles fueron los primeros síntomas de la enfermedad?	11	No se preocupe; llegarán (noch heute) ________ .
l	Una pelota es esférica y la Tierra también.	12	(Dieselben) ________ de siempre.
m	¡He visto cómo me robaban el coche!	13	Sí, es (dieselbe) ________ .

los gemelos	die Zwillinge
dejar desordenado	unaufgeräumt zurücklassen
el pupitre	die Schulbank
el café irlandés	der Irish Coffee
esférico	rund
en tus narices	*hier* vor deiner Nase

60 Ich sehe was, was du nicht siehst, und das ist …

Farben gibt es in vielen Schattierungen – helle und dunkle, grelle und eher dezente. Und immer wieder gibt es neue Modefarben. Bei der Endung der spanischen Farbadjektive gibt es einige Besonderheiten.

- In der Regel richtet sich die Endung nach dem dazugehörigen Substantiv: *un jersey blanco* (ein weißer Pullover), *camisas blancas* (weiße Hemden)
- Farbadjektive, die aus zwei Wörtern bestehen, gibt es nur im maskulin Singular: *jerseys azul marino* (marineblaue Pullover)
- Farbadjektive, die sich von einem Gegenstand (z. B. von einer Blume) herleiten, sind unveränderlich: *un vestido rosa* (ein rosa Kleid), *camisetas violeta* (lila T-Shirts)

Tragen Sie in das *crucigrama* das jeweils fehlende Farbadjektiv in der richtigen Form ein. Teilweise müssen Sie die jeweilige Farbe selbst erraten, teilweise ist die deutsche Übersetzung angegeben.

Horizontales

1 El carbón es ______________ .
3 Hemos pintado las habitaciones de (lachsfarben) ______________ .
5 ¿Un símbolo de amor? – Rosas ______________ .
8 La nieve es ______________ .
13 Me gusta este pañuelo (malvenfarben) ______________ .
14 Se dice que los optimistas lo ven todo de color de ______________ .
15 La bandera española tiene una franja ______________ entre dos rojas.
16 Los pinos nunca pierden sus agujas ______________ .
17 La madera de teca es de color ______________ .
18 Sandra tiene unos ojos preciosos, de color (kaffeebraun) ______________ .

Verticales

2 La piel del elefante es ______________ .
4 Muchos rubios tienen los ojos ______________ .
6 Me he comprado en las rebajas dos blusas (himmelblau) ______________ .
7 Los pantalones (lila) ______________ se me han quedado pequeños.
9 Los pétalos del girasol son ______________ .
10 Para pintar estas flores ______________ he mezclado azul y rojo.
11 Como gasta más de lo que gana, está siempre en números ______________ .
12 La camiseta de la selección holandesa es ______________ .

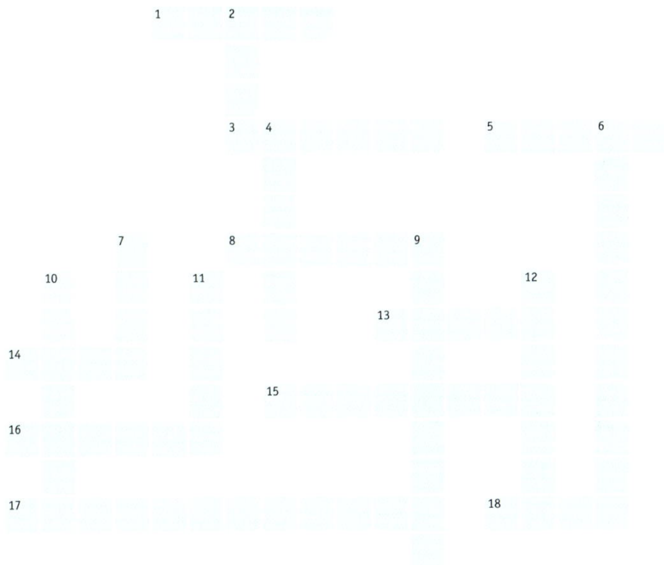

el pañuelo	das Tuch
la franja	der Streifen
la aguja	die Nadel
la madera de teca	das Teakholz
las rebajas	der Schlussverkauf
el pétalo	das Blütenblatt
gastar más de lo que gana	über seine Verhältnisse leben
la selección	die Nationalmannschaft

7

61 Unregelmäßigkeiten à la *mayor*

Einige Adjektive haben zwei Komparative (einen regelmäßigen und einen unregelmäßigen), die mit unterschiedlicher Bedeutung gebraucht werden.

– *pequeño* (klein):	*más pequeño* → kleiner (Ausdehnung) *menor* → kleiner (Bedeutung), jünger
– *grande* (groß):	*más grande* → größer (Ausdehnung) *mayor* → größer (Bedeutung), älter
– *bajo* (niedrig)	*más bajo* → niedriger (Größe) *inferior* → niedriger, geringer (Bedeutung)
– *alto* (hoch)	*más alto* → höher (Größe) *superior* → höher, überlegen (Bedeutung)

Vervollständigen Sie mit dem richtigen Komparativ.

a	Ramón tiene ocho años y Lucía tiene diez. Lucía es ____ que Ramón. Ramón es dos años ____ que Lucía.	☐ más grande ☐ más bajo	☐ mayor ☐ menor
b	– Papá, ¿por qué llevas a Celia en brazos y a mí no? ~ Porque Celia es ____ que tú. Cuando tú eras pequeño también a ti te llevaba en brazos.	☐ más pequeña	☐ inferior
c	– ¿Qué es ____ , un San Bernardo o un Chihuahua? ~ Un Chihuahua es mucho ____ que un San Bernardo.	☐ mayor ☐ más pequeño	☐ más grande ☐ menor
d	¿Quién es ____ , tu padre o tu madre?	☐ más grande	☐ mayor
e	Cuando sea ____ , me compraré un coche.	☐ más alto	☐ mayor
f	El rendimiento de un motor de dos tiempos es ____ al de uno de cuatro tiempos.	☐ más bajo	☐ inferior

g	Realizó sus estudios ____ en la Universidad Complutense de Madrid.	☐ más altos	☐ superiores
h	*La Galatea* es una obra ____ de Cervantes.	☐ más pequeña	☐ menor
i	El fuego devastó solo los pisos ____ ; los ____ se libraron de las llamas.	☐ más altos ☐ inferiores	☐ superiores ☐ más bajos
j	Este alumno muestra un ____ dominio de la lengua que de las matemáticas.	☐ menor	☐ más bajo
k	En general, los españoles son ____ que los alemanes.	☐ menores	☐ más bajos
l	– ¿Qué rascacielos es ____ , el Taipei 101 o el Burj Dubai?	☐ más grande	☐ más alto
	~ El Burj Dubai es ya 4 metros ____ ,	☐ superior	☐ más alto
	con sus 512 m. de altura, pero será todavía mucho ____ , porque llegará a los 807.	☐ más alto	☐ mayor

llevar en brazos	auf dem Arm tragen
el rendimiento	die Leistung
el motor de dos tiempos	der Zweitaktmotor
devastar	verwüsten
librarse	*hier* gerettet werden
la llama	die Flamme
el dominio	die Beherrschung *(z. B. einer Sprache)*
el rascacielos	der Wolkenkratzer

62 *Volver* & Co.

Die Verben *volver* (zurückkommen), *volverse* (werden), *devolver* (zurückgeben), *envolver* (einpacken, einwickeln), *desenvolver* (auspacken, auswickeln) und *revolver* (umrühren) werden oft verwechselt. Üben Sie hier nun, sie je nach Kontext gut zu unterscheiden.

7

Schließen Sie die Lücken mit den passenden Formen von *volver* & Co. und bilden Sie sinnvolle Satzpaare.

vuélvela has devuelto volviste se volvió vuelvas devuelve volver revuelve desenvuélvelo se volvió envolverme volviendo revueltos

a ¿A qué hora ______________ ayer a casa?
b Andrés sufrió un grave accidente de coche, perdió el sentido ...
c La princesa besó a la rana ...
d ¿Qué reina de España ______________ loca por amor?
e Apaga la radio, por favor...
f ¿Le ______________ a tu hermano los € 50 que te prestó?
g Por favor, no ______________ a decirme eso.
h ¿Puede ______________ el libro con papel de regalo, por favor?
i No entiendo qué ha podido pasar, yo no he hecho nada.
j ¡Ha llegado un paquete de Alemania, mamá!
k ¿Cómo te gustan los huevos?
l ¿Hago yo la tortilla?
m Fue un espectáculo horrible.

1 Juana I de Castilla, conocida como Juana la Loca.
2 ¿Un paquete? ______________, a ver qué es ...
3 De acuerdo, pero ______________ de vez en cuando.
4 Naturalmente, señora.
5 Solo de pensarlo se me ______________ el estómago.
6 Eran las dos y cuarto, más o menos.
7 ... ¡esa música me está ______________ loco!
8 ... y tardó varias horas en ______________ en sí.
9 ... ¡y la rana ______________ un príncipe!
10 Desde hace unos días no me ______________ el saludo.
11 Sí, ya se los he dado.
12 Me ofendes.
13 ______________ con tomate.

perder el sentido *(-ie-)*	das Bewusstsein verlieren
la rana	der Frosch
apagar	ausschalten
el papel de regalo	das Geschenkpapier
solo de pensarlo	wenn ich nur daran denke
tardar	(Zeit) brauchen

63 Vorsicht: Fettnapf! – *¿Eres aburrido o estás aburrido?*

In Verbindung mit einem Adjektiv gibt *ser* eine wesentliche Eigenschaft und *estar* einen Zustand oder ein vorübergehendes Merkmal an.

El azúcar es dulce.	→	Zucker ist süß. (Das ist die Eigenschaft von Zucker.)
El café está dulce.	→	Der Kaffee ist süß. (Jemand hat viel Zucker hineingetan.)
Carmen es muy guapa, *pero en esta foto está fea.*	→	Carmen ist sehr hübsch, aber auf diesem Foto sieht sie hässlich aus. (Carmen ist von Natur aus sehr hübsch, aber auf dem Foto wirkt sie ganz anders.)

In einigen Fällen hängt die Bedeutung eines Adjektivs grundlegend davon ab, ob es mit *ser* oder mit *estar* gebraucht wird. Und Achtung: Ein Verwechseln der beiden Verben kann manchmal peinlich sein. Ein paar Beispiele:

ser ...	**estar ...**
cansado → ermüdend sein	*cansado* → müde sein
aburrido → langweilig sein	*aburrido* → gelangweilt sein
despierto → aufgeweckt / klug sein	*despierto* → wach sein
listo → schlau sein	*listo* → fertig / bereit sein
rico → reich sein	*rico* → lecker sein, gut schmecken
pobre → arm sein	*pobre* → arm dran sein
borracho → Alkoholiker sein	*borracho* → betrunken sein

In welchem Satz verwendet man *ser* und in welchem *estar*? Vervollständigen Sie mit *ser* und *estar* in der richtigen Form.

a Carla ___________ una persona muy abierta, habla enseguida con todo el mundo.
Mi jefe no ___________ abierto a nuevas propuestas.

b Corregir exámenes ___________ cansado.
___________ cansado de corregir exámenes.

c El enfermo ___________ grave.
José Ortega y Gasset ___________ un señor grave, serio.

d Mi madre ___________ muy buena: lo ha dado todo por nosotras.
La tarta ___________ muy buena.

e La madera de ébano ____________ negra.
____________ negra: llevo media hora llamando y no responde nadie.
f Si ____________ aburrida ponte a hacer algo que te guste.
Manuela ____________ muy aburrida, nunca propone nada interesante.
g Los alumnos que no ____________ atentos no aprenden.
Mi marido ____________ muy atento, muy detallista.
h Vicente ____________ un chico callado, reservado, que habla muy poco.
Rodrigo no ____________ callado ni debajo del agua: no para de hablar.
i ¡Papá, la cena ____________ lista!
____________ muy lista, saca unas notas excelentes.
j Paco ____________ altivo y orgulloso, se cree el rey del mundo.
Los padres de Soledad ____________ muy orgullosos de la estupenda hija que tienen.
k ¿ ____________ despierto el niño? – No, aún sigue durmiendo.
El niño ____________ muy despierto, desde luego: lo entiende todo.
l El cocido madrileño ____________ muy rico, sabrosísimo.
Bill Gates ____________ un hombre muy rico, multimillonario.

la propuesta	der Vorschlag
grave	*hier* schwer krank
José Ortega y Gasset	*span. Philosoph und Soziologe (1883 –1955)*
serio	ernst
la madera de ébano	das Ebenholz
proponer	vorschlagen
detallista	*hier* auf Kleinigkeiten achtend
callado	still, schweigsam
reservado	zurückhaltend
parar	*hier* aufhören
sacar notas excelentes	sehr gute Noten bekommen
altivo y orgulloso	hochmütig und stolz
creerse	*hier* sich halten für
estupendo	wunderbar
el cocido madrileño	*spanisches Eintopfgericht*
sabrosísimo	wahnsinnig lecker

64 *Perífrasis verbales*

Hier haben Sie nun noch einmal Gelegenheit, die *perífrasis verbales*, diese im Spanischen häufig verwendeten Verbkonstruktionen, zu üben. Und wenn Sie noch einmal nachschlagen möchten: Eine Liste der häufigsten verbalen Umschreibungen finden Sie in Übung 46.

Übersetzen Sie die Sätze unter Verwendung einer verbalen Umschreibung.

a Ruhe, bitte, die Kinder sind gerade dabei einzuschlafen.

b Was für dunkle Wolken! Ich glaube, es wird gleich regnen.

c Ich werde Marco eine E-Mail schicken.

d Der Junge kam aus der Schule zurück und machte sich daran, die Hausaufgaben zu machen.

e Wie hat Adela auf die Nachricht reagiert? – Sie hat losgelacht.

f Seit über einem Jahr habe ich meine Eltern nicht mehr gesehen.

g Geht ihr weiterhin am Sonntag joggen?

h Ich möchte diesen Film noch einmal sehen.

i Kann ich Juan sprechen? – Tut mir leid, er duscht gerade.

j Antonio arbeitet zu viel, er lernt schon seit fünf Stunden.

k Julio, mach dich sofort an die Arbeit!

l Seid ihr mit dem Abendessen fertig?

m Hast du die Nachricht abgehört, die ich dir auf dem Anrufbeantworter hinterlassen habe? – Nein, ich bin gerade nach Hause gekommen.

n Jetzt können wir mit dem Hund Gassi gehen. Es hat aufgehört zu regnen.

dormirse *(-ue-)*	einschlafen
la noticia	die Nachricht
de una vez	sofort
escuchar	*hier* abhören
el contestador	der Anrufbeantworter
sacar al perro	mit dem Hund Gassi gehen

65 *Estoy hecho un flan.* – Redewendungen I

Redewendungen sind für eine Sprache wie „das Salz in der Suppe". Sie machen sie lebendig und werden deshalb vor allem in der Alltagssprache häufig benutzt. In dieser Übung haben Sie die Möglichkeit, sich mit einigen davon vertraut zu machen.

Achtung! Redewendungen lassen sich nur selten wörtlich übersetzen. Die Redewendung in der Überschrift hat nichts mit einem *flan* (Karamellpudding) zu tun, sondern bedeutet: „Ich zittere vor Angst oder Nervosität".

Ordnen Sie die spanischen Redewendungen ihren deutschen Entsprechungen zu.

a ein Heidengeld kosten
b völlig fertig sein
c rot wie eine Tomate werden
d ein Herz aus Stein haben
e von Pontius zu Pilatus laufen
f frech wie Oskar sein
g lammfromm sein
h völlig fehl am Platz sein
i ein Herz und eine Seele sein
j schlechte Laune haben
k jemanden auf frischer Tat ertappen
l im siebten Himmel sein
m zwei linke Hände haben
n wie auf Eiern gehen
o das schwarze Schaf der Familie sein
p einem schnuppe sein

☐ ser más manso que un cordero
☐ importarle algo a uno un rábano
☐ andar pisando huevos
☐ coger a alguien con las manos en la masa
☐ estar más fresco que una lechuga
☐ costar algo un ojo de la cara
☐ ser la oveja negra de la familia
☐ tener malas pulgas
☐ estar hecho polvo
☐ estar en el séptimo cielo
☐ estar más despistado que un pulpo en un garaje
☐ ser uña y carne
☐ tener mano izquierda
☐ tener una corazón de piedra
☐ ponerse más rojo que un pimiento
☐ andar de la Ceca a la Meca

¡Soy la oveja negra!

7

el cordero	das Lamm
importar	wichtig sein
el rábano	der Rettich
pisar	treten auf
coger	*hier* erwischen
la masa	*hier* der Teig
la lechuga	der (Kopf-)Salat
la pulga	der Floh
el polvo	der Staub
despistado	*hier* verirrt
el pulpo	die Krake
la uña	der Fingernagel
el pimiento	die Paprika

66 *La cuenta, por favor.*

Auch wenn Sie ein Wort noch nicht gelernt haben, können Sie es oft von einem bereits bekannten Wort ableiten und wissen so, was es bedeutet. Die hier abgeleiteten Wörter haben eins gemeinsam: Das Verb gehört zu der Gruppe von Verben, bei denen sich in den stammbetonten Formen der Stammvokal verändert, und diesen Vokalwechsel weist auch das dazugehörige Substantiv auf.

Beispiele:	*merendar (-ie-)*	Brotzeit machen	→ *la mer**ie**nda*	die Brotzeit
	volar (-ue-)	fliegen	→ *el v**ue**lo*	der Flug

Geben Sie das spanische Substantiv an, das sich aus dem Verb ableitet.

das Eis
helar → el hielo

die Probe
probar → la ____________

die Rechnung
contar → la ____________

das Abkommen
acordar → el ____________

die Rückkehr
volver → la ____________

das Spiel
jugar → el ____________

der Beginn
comenzar → el ____________

die Beerdigung
enterrar → el ____________

das Mittagessen
almorzar → el ____________

der Schnee
nevar → la ____________

die Bitte
rogar → el ____________

das Treffen
encontrar → el ____________

die Wette
apostar → la ____________

die Erzählung
contar → el ____________

der Rabatt
descontar → el ____________

die Regierung
gobernar → el ____________

der Bankrott
quebrar → la ____________

der Traum
soñar → el ____________

der Donner
tronar → el ____________

7

67 *¡Feliz cumpleaños!*

Der Geburtstag oder die bestandene Prüfung: Es gibt viele Anlässe, zu denen man sich beglückwünschen kann. Eine Besonderheit im Spanischen: Der Wortlaut vieler guter Wünsche hängt davon ab, ob Sie die Person, der Sie etwas wünschen, duzen oder siezen. Ein Beispiel: Mit *¡Que se mejore!* wünschen Sie jemandem, den Sie siezen „Gute Besserung!" und mit *¡Que te mejores!* einem Freund.

Geben Sie die Nummer des Wunsches oder Glückwunsches an, der der Situation entspricht. Manchmal gibt es mehrere Möglichkeiten.

a Claudia cumple 16 años. → *1,* ______
b Felipe y Carmen están a punto de salir de vacaciones. → ______
c Los niños se van a dormir. → ______
d Su secretaria tiene gripe. → ______
e Carlos ha sacado el carné de conducir. → ______
f La familia se dispone a comer. → ______
g Los invitados a la boda se acercan a saludar a los recién casados. → ______
h Unos compañeros de trabajo se marchan a otra ciudad. → ______
i La hija sale de casa para hacer un examen importante. → ______
j La hija anuncia que ha aprobado el examen. → ______
k Los amigos van a hacer un crucero por el Báltico. → ______
l Alguien necesitado recibe ayuda de otra persona. → ______

5 ¡Enhorabuena, que seáis felices!
6 ¡Felicidades!
8 ¡Buena suerte!
10 ¡Que lo paséis muy bien!
2 ¡Que tengáis buen viaje!
14 ¡Que os divirtáis!
9 ¡Muchas felicidades!
1 ¡Feliz cumpleaños!
7 ¡Que se mejore!
3 ¡Que aproveche!
4 ¡Que durmáis bien!
13 ¡Que Dios te lo pague!
12 ¡Enhorabuena!
11 ¡Que os vaya bien!

cumplir años	Geburtstag haben
estar a punto de salir	gerade abreisen wollen
el carné de conducir	der Führerschein
disponerse	sich an etwas machen
los recién casados	die Frischvermählten
aprobar el examen *(-ue-)*	die Prüfung bestehen
el crucero	die Kreuzfahrt
el Báltico	die Ostsee
el necesitado	der Bedürftige
¡Que Dios te lo pague!	Vergelt's Gott!

68 Bist du denn noch ganz bei Trost?

Das deutsche Wörtchen „bei" wird je nach Situation unterschiedlich übersetzt. Ein paar Beispiele:

- zeitlicher Gebrauch:
  „beim Spielen" → *jugando*, „bei Nacht" → *de noche*
- örtlicher Gebrauch:
  „bei Madrid" → *cerca de Madrid*, „bei meiner Großmutter" → *con mi abuela* oder *en casa de mi abuela*
- in der Bedeutung von „angesichts":
  „bei so vielen Problemen" → *en vista de tantos problemas* oder *con tantos problemas*

Auf diese und weitere Möglichkeiten der Wiedergabe von „bei" stoßen Sie in der folgenden Übung.

Übersetzen Sie die folgenden Ausdrücke mit „bei".

a ¿Dónde está Sierra Nevada? (Bei Granada oder bei Toledo?)

____

b ¡Da gusto lo crujiente que está este pan! ¿Dónde lo has comprado?
– (Beim Bäcker.) ____________________________

c (Bei meiner Ankunft) ____________________ ellos ya se habían marchado.

d (Beim ersten Anblick) ____________________ la casa no nos gustó nada, pero por dentro era preciosa.

e La batalla (bei Lepanto) ____________ es famosa porque en ella Cervantes perdió un brazo.
f Si necesitas ayuda puedes llamarme a cualquier hora, (bei Tag oder bei Nacht) ____________.
g Se cayó (beim Fußballspielen) ____________ y se rompió la pierna izquierda.
h No puedes salir a pasear (bei diesem Wetter) ____________.
i Queremos pasar las vacaciones de verano (bei meinen Eltern) ____________.
j Trabaja (bei einer Elektronikfirma) ____________.
k ¡Qué romántico! ¡Cenasteis (bei Kerzenschein) ____________!
l Quédate aquí (bei mir) ____________, por favor.
m Tuvimos que esperar mucho (beim Arzt) ____________.
n Eso pasa a menudo (bei Kindern) ____________.
o ¿Estaba ayer por la tarde Juan (bei dir) ____________?

dar gusto	Spaß machen
crujiente	knusprig
la batalla	die Schlacht
a cualquier hora	jederzeit
la empresa electrónica	die Elektronikfirma
la luz de las velas	der Kerzenschein

69 Besuch des Prado inbegriffen!

Das deutsche Verb „besuchen" hat im Spanischen verschiedene Entsprechungen, je nachdem, wen oder was man besucht.

- eine Person besuchen → *ir a ver / a visitar, hacer una visita a*
- einen Ort, ein Museum usw. besuchen → *visitar*
- die Schule, eine Veranstaltung usw. besuchen → *asistir / ir a*
- (häufig oder gewohnheitsmäßig) besuchen → *frecuentar*
- (einen Arzt) besuchen → *consultar / ir a*

Kreuzen Sie die richtige Form an. Manchmal sind beide Verben richtig.

a	Hace algunos días que no se siente bien. Debería ____ a un médico.	☐ visitar ☐ consultar
b	El Prado es uno de los museos más ____ del mundo.	☐ visitados ☐ asistidos
c	El Café Gijón, en Madrid, es muy ____ por artistas y escritores.	☐ consultado ☐ frecuentado
d	Ayer ____ a una conferencia sobre el cambio climático.	☐ fui ☐ asistí
e	Deberíamos ir a ____ a tía Rosa.	☐ visitar ☐ ver
f	Muchos amigos ____ nuestra casa.	☐ asisten ☐ frecuentan
g	No pudo ____ a la exposición, porque llegó tarde.	☐ asistir ☐ visitar
h	Las Cuevas de Altamira ya no se pueden ____ , por desgracia.	☐ frecuentar ☐ visitar
i	Tomás es una persona a la que ____ poco.	☐ frecuento ☐ asisto
j	– ¿Cuándo vas a venir a ____ , Isabel? ~ En verano, si puedo.	☐ vernos ☐ hacernos una visita
k	¿A qué clase ____ ? – A 4° de ESO.	☐ vas ☐ visitas
l	Si tuviera dinero me gustaría ____ Islandia.	☐ ir a visitar ☐ frecuentar

el artista	der Künstler
el cambio climático	der Klimawechsel
la exposición	die Ausstellung
las Cuevas de Altamira	die Höhlen von Altamira *(Höhlen 30 km westlich von Santander mit steinzeitlichen Höhlenmalereien, UNESCO-Weltkulturerbe)*
por desgracia	leider
ESO (Educación Secundaria Obligatoria)	*etwa* Sekundarstufe, Mittelstufe

70 Theater, Weinprobe oder Modenschau?

Die folgenden Veranstaltungen finden Sie in einem Veranstaltungskalender. Tragen Sie die spanischen Begriffe in das *crucigrama* ein.

Horizontales

4 Kino
5 Operette
7 Museum
11 Theater
14 Weinprobe
17 Kongress
18 Vortragsreihe
19 Modenschau

Verticales

1 Oper
2 Stadtrundfahrt
3 Ballett
6 Ausstellung
8 Premiere
9 Lesung
10 Konzert
12 Kunstmesse
13 Musical
15 Zirkus
16 Tanzveranstaltung

71 Zum Verwechseln ähnlich – *desde, hace … que, desde hace*

Die Zeitangaben *desde, hace … que* und *desde hace* werden oft verwechselt, denn alle drei werden im Deutschen mit „seit" übersetzt. Merken Sie sich für eine sichere Unterscheidung:

- *desde* → „seit" als Angabe eines Zeitpunkts:

Vivimos en esta casa desde 1987.	Wir wohnen seit 1987 in diesem Haus.

- *desde hace* → „seit" als Angabe eines Zeitraums:

Vivimos en esta casa desde hace 25 años.	Wir wohnen seit 25 Jahren in diesem Haus.

- *hace … que* → „seit" als Angabe einer Zeitspanne; *que* leitet dann einen Nebensatz ein:

Hace 25 años que vivimos en esta casa.	Seit 25 Jahren wohnen wir in diesem Haus.

Achtung: Da *hace* eine Form des Verbs *hacer* ist, kann es auch in anderen Zeiten verwendet werden.

Übersetzen Sie.

a Seit wann arbeitest du hier? – Seit sechs Monaten.

____

b Wir sind schon seit Langem nicht mehr ins Kino gegangen.

____

c Sie mochten sich seit dem ersten Augenblick.

____

d Sie kennt Felipe schon seit fünf Jahren, aber seine Eltern erst seit letztem Sommer.

____

____

e Seit Beginn der Wirtschaftskrise haben viele Firmen bankrott gemacht.

____

____

f – Sprichst du schon seit Langem nicht mehr mit deinem Bruder?
~ Ziemlich lange, seit wenigstens einem Monat.

g Seit sieben Jahren hat er keinen Strandurlaub mehr gemacht.

h – Seit wie vielen Jahren spielt deine Schwester schon Klavier?
~ Seit zwölf Jahren, d.h. seit sie vier Jahre alt ist.

i Die Arbeiter der Autofabrik sind nun schon seit zwei Tagen im Streik.

j Ich kenne das Café Gijón seit 40 Jahren.

gustarse	sich mögen
la crisis económica	die Wirtschaftskrise
entrar en bancarrota	Bankrott machen
ir de vacaciones a la playa	Strandurlaub machen
estar en huelga	im Streik sein
el Café Gijón	das Café Gijón *(berühmtes Café in Madrid, beliebter Treffpunkt von Schriftstellern und Künstlern)*

72 *¡En broma!* – Nur zum Spaß!

Hier geht es noch einmal um Präpositionen, dieses Mal in feststehenden Ausdrücken mit einem Substantiv.

Wählen Sie die jeweils richtige Präposition aus.

a – No sé si llegaste a conocer a mi suegro…
~ Sí, lo conocía ___ vista. ☐ por ☐ de ☐ a

b Te lo digo ___ serio: es la última vez que doy la cara por ti. ☐ en ☐ de ☐ a

c ¡Ve ___ cuidado, es un material muy frágil! ☐ de ☐ a ☐ con

d ¡Ni ___ broma te consiento que digas esas cosas! ☐ por ☐ en ☐ a

e El jefe de personal lo pone todo ___ cuestión constantemente. ☐ según ☐ en ☐ para

f Ojalá esta experiencia te sirva ___ provecho. ☐ por ☐ para ☐ de

g ¡ ___ fuerza no funcionaba el ordenador: se ha ido la corriente! ☐ Por ☐ A ☐ De

h ___ mi opinión, esta crisis va a durar un par de años. ☐ En ☐ De ☐ Para

i ___ la ley, los menores no tienen derecho al voto. ☐ Por ☐ Según ☐ En

j Cuando nos vio en la estación, se echó a llorar ___ alegría. ☐ por ☐ de ☐ con

k Hice esas cosas no ___ mi provecho, sino en el tuyo. ☐ a ☐ para ☐ en

l Lo hizo ___ propósito, para fastidiarnos. ☐ por ☐ de ☐ a

m En la nevera hay comida ___ abundancia para todos. ☐ a ☐ en ☐ para

n Cuando dejé la fábrica, me establecí ___ cuenta propia y monté una frutería. ☐ por ☐ a ☐ según

dar la cara por alguien	für jdn den Kopf hinhalten
frágil	zerbrechlich
consentir *(-ie-)*	einwilligen
ojalá	hoffentlich
el provecho	der Nutzen
la corriente	der (elektrische) Strom
los menores	die Minderjährigen
el derecho al voto	das Stimmrecht
el propósito	die Absicht
fastidiar	ärgern
la nevera	der Kühlschrank
la abundancia	der Überfluss
establecerse	*hier* sich selbstständig machen
montar	*hier* ein Geschäft eröffnen

73 Die Schöne und das Biest

Hier können Sie Ihren Wortschatz auf gegenteilige Adjektive testen. Denn außer der „schönen Prinzessin" *(la princesa guapa)* und dem verwunschenen „hässlichen Prinzen" *(el príncipe feo)*, auf die der Übungstitel anspielt, erwarten Sie noch eine ganze Menge weiterer Gegenteile.

Suchen Sie aus den angegebenen Wörtern Gegenteilpaare und schreiben Sie diese in die Tabelle.

caro bajo gordo débil cerrado

pequeño amargo tranquilo verdadero corto

nervioso joven frío aburrido delgado

8

anciano caliente divertido grande fácil

estrecho abierto

mucho largo difícil alegre

dulce

viejo falso alto barato

poco triste

rápido ancho

fuerte bueno lento malo nuevo

	≠	
	≠	
	≠	
	≠	
	≠	
	≠	
	≠	
	≠	
	≠	
	≠	
	≠	
	≠	
	≠	
	≠	
	≠	
	≠	
	≠	
	≠	
	≠	
	≠	

74 Wann und wo? – Um zehn vor acht vorm Kino.

Mit „vor“ und „nach“ kann man sowohl die Zeit als auch den Ort angeben. Im Spanischen haben sie folgende Entsprechungen:

	„vor“	**„nach“**
zeitlich:	*antes de* *hace* *menos* (Uhrzeit)	*después de* *tras* *y* (Uhrzeit)
örtlich:	*delante de* *ante* (in Gegenwart von)	*detrás de* *hacia* (mit Richtungsangabe) *a* (mit Ortsangabe) *para* (mit Ortsangabe)
feste Wendungen:	*de alegría* (vor Freude) *sobre todo* (vor allem) *ante mis ojos* (vor meinen Augen)	*en mi opinión* (meiner Meinung nach) *según la ley* (dem Gesetz nach) *Sabe a canela.* (Das schmeckt nach Zimt.)

Übersetzen Sie den deutschen Ausdruck in der Klammer.

a En Alicante, (vor dem Haus) ____________ teníamos un cerezo.
b (Nach dem Essen) ____________ me gusta echarme una siestecita.
c El matrimonio se contrae (vor Zeugen) ____________ .
d Es curioso: este dulce huele (nach Vanille) ____________ , pero sabe (nach Zitrone) ____________ .
e El pobre animal temblaba (vor Angst) ____________ .
f Venía (nach Hause) ____________ cuando me encontré con tu madre en el autobús.
g Pase, por favor. – No, no, de ningún modo: (nach Ihnen) ____________ .
h – ¿Cuándo sale el vuelo (nach Berlin) ____________ ?
~ (Um zwanzig nach sieben) ____________ .
i (Nach mir) ____________ había diez personas en la cola.

j – ¿Cuándo conociste a Roswitha?
~ (Vor meiner zweiten Ankunft) ______________________
a Alemania, (vor 33 Jahren) ______________ .

k (Nach Angaben des Statistischen Bundesamtes) ______________
______________ , el país se hunde en la recesión.

l Los Romanos llegaron a España en el 218 a.C. (vor Christus) (______________
______________).

m El primer Concilio de la Iglesia se celebró en el 51 d. C. (nach Christus)
(______________).

n (Nach der Scheidung) ______________ , Bárbara se fue a los Estados Unidos.

o – ¿A qué hora quedamos?
~ ¿Te parece bien (zehn vor acht) ______________ (vor dem Kino)
______________ ?

p ¿A qué hora volviste (nach Hause) ______________ ?

q En los meses de verano hay siempre muchos atascos en las autopistas (nach Süden) ______________ .

el cerezo	der Kirschbaum
echarse una siestecita	ein Nickerchen machen
contraer	schließen (z. B. Ehe)
el testigo	der Zeuge
oler *(-ue-)*	riechen
la vainilla	die Vanille
saber	*hier* schmecken
temblar *(-ie-)*	zittern
la cola	*hier* die (Menschen-)Schlange
la venida	die Ankunft
los datos	die Angaben
el Instituto Nacional de Estadística	das Statistische Bundesamt
hundirse	versinken
quedar	sich verabreden
el atasco	der Stau

75 Klein, aber mein.

Besitzverhältnisse werden mit den sogenannten Possessivbegleitern bzw. Possessivpronomen ausgedrückt. Im Spanischen unterscheidet man zwischen unbetonten und betonten Formen. Zum Gebrauch:

Die unbetonten Formen ...
- stehen immer mit dem Besitzgegenstand.
- sind dem Besitzgegenstand vorangestellt.

Die betonten Formen ...
- sind dem Besitzgegenstand nachgestellt.
- geben an, dass der Besitzgegenstand einer von mehreren ist („ein ... von mir“).
- können auch ohne Substantiv stehen (pronominaler Gebrauch).
- stehen oft mit dem bestimmten Artikel.
- geben allgemein den Besitz an („... gehört mir“).

Beispiele:

Su coche es un todoterreno.	Sein Auto ist ein Geländewagen. (= Er hat nur dieses Auto.)
Ese todoterreno es también un coche suyo.	Dieser Geländewagen ist auch ein Auto von ihm. (= Er hat mehrere Autos.)
¿De quién es ese todoterreno? – Es suyo.	Wem gehört dieser Geländewagen? – Es ist seiner. (Angabe des Besitzes / pronominaler Gebrauch.)

Bei Körperteilen werden im Spanischen keine Possessiva, sondern der bestimmte Artikel verwendet:

Tiene los ojos azules.	Ihre Augen sind blau.

Bringen Sie die folgenden Minidialoge in die richtige Reihenfolge.

a ¿De estas son quién Son mochilas? nuestras.

– ______________________________

~ ______________________________

b pantalones? son de ¿Son Sí estos Encarna suyos.

– ___

~ ___

c de blusa? ¿Es No, también Encarna mía. esta es esa

– ___

~ ___

d Nuestros viven mejores Los en Sevilla. amigos en León. nuestros

– ___

~ ___

e madre el Luisa, mía ¿tu tiene blanco? la pelo aún No, no.

– ___

~ ___

f A nosotros a vuestro Y el nos encanta vuestro. país. nosotros

– ___

~ ___

g mal está Tu jardín precioso. está Tampoco tuyo. el

– ___

~ ___

h míos son amigos. como con Mis sus hijos suyos. uña y Pues carne los con los.

– ___

~ ___

i ¿No dueño que perro? tiene: Claro este tiene mío. es

– ___

~ ___

j marido. Esta Nunca con su una es María foto suya. visto había

– ___

~ ___

la mochila	der Rucksack
precioso	wunderschön
ser uña y carne	ein Herz und eine Seele sein
el dueño	der Besitzer

76 *Lo, la, los* und *las* – Artikel oder Pronomen?

Ob lo, la, los und las bestimmte Artikel oder direkte Objektpronomen sind, lässt sich häufig auf den ersten Blick nicht erkennen, sondern ergibt sich erst aus dem Kontext.

La ① *chica compró* ***la*** ② *blusa.* → ① und ② = bestimmte Artikel
La ① *chica la* ② *compró.* → ① = bestimmter Artikel, ② = direktes Objektpronomen

Vervollständigen Sie den Text mit *lo, la, los* und *las* und geben Sie an, welche Funktion (A = Artikel / O = Objektpronomen) diese ausüben.

Querida Susana:

No lo *(* O *) creerás, pero… ¡te estoy escribiendo desde nuestra nueva casa! Sí, chiquita, por fin ______ (____) hemos conseguido y nos hemos comprado ______ (____) casa aquella de ______ (____) que te hablé ______ (____) pasadas Navidades, ¿recuerdas?*

Cuando nosotros ______ (____) descubrimos estaba hecha una pena, abandonada y medio derruida en medio del campo, pero a pesar de todo, ______ (____) nuestro fue un amor a primera vista: tanto a Emilio como a mí nos encantó desde el primer momento y decidimos que, si podíamos, ______ (____) compraríamos. ¡Y nos ______ (____) hemos comprado! ¡No quiero ni contarte lo que nos ha costado! Hemos tenido que restaurar ______ (____) de arriba abajo: el tejado, ______ (____) techos, ______ (____) suelos, ______ (____) puertas, ______ (____) ventanas…, todo.

Solo ______ (____) paredes exteriores, que son de piedra, ______ (____) hemos dejado como estaban, no ______ (____) hemos tocado, pero ______ (____) demás todo. Yo decía: "Emilio, ¿ ______ (____) cocina...?" Y él: "No, ______ (____) cocina hay que cambiar______ (____)". "Tal vez si en el baño...", – "No, el baño hay que arrancar______ (____) entero". "Pero Emilio – le decía yo – quizá ______ (____) suelos...?" Y él: – "No, también hay que levantar______ (____) y poner______ (____) nuevos". Y así una cosa tras otra. Te digo, chiquita, que han sido cinco meses terribles de trabajo y un montón de dinero. Pero ha merecido ______ (____) pena: ¡nos ha quedado una casa preciosa! ______ (____) hemos arreglado para nosotros, pero también para que ______ (____) disfrutéis los amigos, y antes que nadie tú, de modo que estamos ya esperando que vengas a ver______ (____).

Un beso
Patricia

creerás	du wirst glauben
conseguir *(-i-)*	erreichen
estar hecho una pena	*hier* fürchterlich aussehen
abandonado	vernachlässigt
medio derruido	halb verfallen
lo nuestro fue un amor a primera vista	bei uns war es Liebe auf den ersten Blick
de arriba abajo	von oben bis unten
el tejado	das Dach
el techo	die (Zimmer-)Decke
arrancar	herausreißen
levantar	*hier* herausreißen
una cosa tras otra	eins nach dem anderen
merecer *(-zc-)* la pena	sich lohnen

77 Wohl bekomm's! – „Bekommen" auf Spanisch

Gleich mehrere spanische Verben lassen sich mit „bekommen" übersetzen, doch liegt ihnen eine unterschiedliche Bedeutung von „bekommen" zu Grunde.

recibir	→	erhalten, empfangen
obtener	→	erlangen, erzielen, erreichen
conseguir	→	erlangen, erzielen, erreichen
lograr	→	erreichen, gelingen

Achtung! Viele deutsche Ausdrücke mit „bekommen" lassen sich mit keinem dieser Verben wiedergeben. Beispiele:

Me entró hambre.	Ich bekam Hunger.
¡Que aproveche! oder *¡Buen provecho!*	Wohl bekomm's!

Kreuzen Sie das passende Verb an.

a	___ una carta de Australia.	☐ He recibido	☐ He conseguido
b	Llevo todo el día con sensación de frío. Espero no ___ la gripe.	☐ obtener	☐ coger
c	Si no te das prisa, vas a ___ el tren.	☐ perder	☐ no recibir
d	___ un bebé.	☐ Va a tener	☐ Va a lograr
e	Disculpe, ¿dónde puedo ___ electrodomésticos?	☐ obtener	☐ encontrar
f	El ruido me ___ dolor de cabeza.	☐ da	☐ obtiene
g	¿Es difícil ___ el permiso de residencia?	☐ obtener	☐ recibir
h	Me ___ ganas de tomarme una horchata.	☐ consiguieron	☐ han entrado
i	García Márquez ___ el Premio Nobel de Literatura en 1982.	☐ recibió	☐ encontró
j	No ___ resolver el problema.	☐ recibo	☐ logro
k	¿___ algo más?	☐ Obtiene	☐ Desea

l	A Leticia le encantan las gambas, pero no le ___ bien.	☐ sientan	☐ consiguen
m	___ 1300 euros al mes.	☐ Gana	☐ Recibe
n	Solo pensar en el examen me ___ dolor de estómago.	☐ consigue	☐ da
o	No ___ quitar las manchas.	☐ obtengo	☐ consigo

llevar con sensación de frío	*hier* einem kalt sein
darse prisa	sich beeilen
los electrodomésticos	die Elektrogeräte
el permiso de residencia	die Aufenthaltsgenehmigung
la horchata	die Erdmandelmilch

78 Wortschatz im Kontext: *En un restaurante*

Hier üben Sie nun Wörter, die nützlich sein können, wenn Sie in einem Restaurant Speisen und Getränke bestellen.

8

Vervollständigen Sie das Gespräch im Restaurant zwischen dem Kellner (Camarero = ■) und den beiden Gästen Virginia (▲) und Daniel (●).

tráiganos beber sabroso de segundo aperitivo un tinto postre apetece solomillo agua espárragos copita pescado aproveche de primero cuenta tarta de cerezas por favor riquísimo aquí tiene tráigame boquerones cortado alcachofas

■ Buenos días, señores.
▲● Hola, buenos días.
■ ¿Desean los señores tomar un ______________ ?
● Sí, gracias. *[Y dirigiéndose a Virginia.]* ¿Qué te ______________ ?
▲ ¿Tienen boquerones al ajillo?
■ Naturalmente, señora. Y además tenemos albondiguillas de atún, chipirones rellenos con pimientos...
▲ No, una de ______________ está bien, gracias.
■ Bien. ¿Y para ______________ ? ¿Una cerveza?
● Sí, una cerveza, ______________ .
■ Muy bien, señores.

[El camarero se va y Virginia y Daniel se ponen a mirar la carta.]

● ¿Qué vas a pedir ______________ ?
▲ No sé, me apetece algo ligero pero ______________ ..., un poco de verdura, quizá, alcachofas ... Eso es lo que voy a pedir: alcachofas a la marinera. ¿Y tú?
● Yo de primero una crema de espárragos. ¿Y de segundo qué quieres?
▲ ______________ voy a seguir con ______________ : merluza al horno con patatas.
● Pues yo me paso a las carnes: voy a tomar ______________ de cerdo con cebollitas. *[Y dirigiéndose a Virginia.]* ¿Te apetece una ______________ de blanco con la merluza?
▲ No, vino no, ______________ .
● A mí sí, pero ______________ , naturalmente.
▲ De ______________ yo voy a tomar una crema de naranja. ¡Tiene una pinta buenísima!
● Suena bien, pero yo me quedo con esta ______________ .

[Vuelve el camarero con las tapas de boquerones, que coloca encima de la mesa.]

■ ¿Han elegido ya los señores?
● Sí, ____________________, por favor, de primero unas ____________________ a la marinera y una crema de ____________________. Luego ...

[Daniel hace el pedido y el camarero toma nota. Al cabo de un rato vuelve con los primeros platos.]

■ ¡Que ____________________, señores!
▲● Muchas gracias.

[Cuando Daniel y Virginia terminan de comer, el camarero se acerca de nuevo.]

■ ¿Estaba todo bien?
▲ Sí, estaba todo ____________________, gracias.
■ No, gracias a ustedes. Estamos aquí para eso. ¿Van a tomar café?
▲ Sí, para mí un ____________________.
● Y a mí ____________________ uno solo. Y la ____________________, por favor; tenemos un poco de prisa.
■ Enseguida.

[Cuando Virginia y Daniel han terminado de tomar el café, el camarero trae la cuenta.]

● ____________________, señor. Son 47,50.

[Daniel paga con un billete de 50 €.]

● Está bien así.
■ Muchas gracias. Que tengan un buen día los señores.
▲● Adiós, buenos días.

sabroso	schmackhaft
el aperitivo	der Aperitif *(in Spanien Tapas und Getränk)*
el (vino) tinto	der Rotwein
el solomillo	das Filet

el espárrago	der Spargel
los boquerones	die Sardellen
el cortado	der Kaffee *(mit wenig Milch)*
la alcachofa	die Artischocke
al ajillo	mit Knoblauch
las albondiguillas de atún	die Thunfischbällchen
los chipirones	die kleinen Tintenfische
relleno	gefüllt
a la marinera	nach Fischerart
la merluza	der Seehecht
al horno	aus dem Backofen
la cebollita	die kleine Zwiebel
tener pinta	aussehen
me quedo con	ich bleibe bei
Está bien así.	Stimmt so.

79 Heute, morgen, nächstes Jahr ...

Zeitangaben geben den Zeitpunkt oder Zeitraum an, wann sich etwas ereignet hat, ereignet oder ereignen wird. Sie sind aber auch „Signalwörter" für die Zeit, in der das Verb in Zusammenhang mit der jeweiligen Zeitangabe stehen muss.

Geben Sie die deutschen Zeitangaben in den Klammern auf Spanisch an und setzen Sie das Verb in die richtige Zeit.

a (Vor fünfzig Jahren) ______________________, todavía (circular) ______________ las locomotoras de vapor. (Heute) ______________ (haber) ______________ trenes de sustentación magnética que alcanzan los 412 km/h.

b (Zurzeit) ____________________ no (poder) ______________ permitírmelo, pero (nächstes Jahr) ______________________ me (ir) ______________ de vacaciones a Canadá.

c La esperanza de vida (Ende des 19. Jahrhunderts) ______________________ (ser) ______________ de unos 48 años. (Heutzutage) ________________ la esperanza de vida de una mujer española (ser) ______________ de 82 años.

d (Samstags) ______________ (trabajar) ______________ hasta las tres, pero en compensación (montags) ______________ (descansar) ______________ .
e (Diese Woche) ______________ apenas (hacer) ______________ caja, (haber) ______________ muy poco movimiento en la tienda; esperemos que (die nächste) ______________ (ser) ______________ mejor.
f Dicen que (2050) ______________ todos los combustibles de los coches (ser) ______________ ecológicos.
g (In fünf Tagen) ______________ (operar) ______________ a su madre.
h – Doctor, ¿cuándo tengo que volver para la próxima revisión?
~ ¿(Am kommenden Montag) ______________ , (um elf Uhr) ______________ , le (venir) ______________ bien, señora?
i (Am Anfang) ______________ me (ir) ______________ muy mal, pero a (in der zweiten Woche) ______________ ya (empezar) ______________ a gustarme el trabajo.
j Las Pruebas de Acceso a la Universidad (ser) ______________ (Mitte Juni) ______________ .
k (Im Augenblick) ______________ no (poder) ______________ atenderla a usted; (volver) ______________ usted (in einer halben Stunde) ______________ .
l (Übermorgen) ______________ (venir) ______________ mi hijo de Inglaterra.
m (Seit Juli vergangenen Jahres) ______________ no (saber) ______________ nada de nuestro perro "Chispas".

circular	verkehren
la locomotora de vapor	die Dampflokomotive
el tren de sustentación magnética	die Magnetbahn
la compensación	der Ausgleich
hacer caja	*hier* Geld einnehmen
el combustible	*hier* der Treibstoff
la revisión	die Untersuchung
las Pruebas de Acceso	die Aufnahmeprüfungen
atender *(-ie-)*	bedienen, behandeln

8

80 Tischlein deck dich.

An einem festlich gedeckten Tisch schmeckt das Festmenü oft noch einmal so gut.

Tragen Sie die spanische Übersetzung der deutschen Begriffe in das Rätselgitter ein. Die farbig markierten Buchstaben ergeben von oben nach unten gelesen einen Ausdruck, der bei Tisch nie fehlen sollte.

a Besteck
b kleiner Löffel
c Tischtuch
d Schüssel

e Weinglas
f Krug
g Teller
h Glas
i Serviette
j Löffel
k Messer
l Gabel

a	
b	
c	
d	
e	
f	
g	
h	
i	
j	
k	
l	

Solución:

81 Wünsch dir was!

Querer, necesitar, esperar, es necesario oder *ojalá* gehören zu den spanischen Verben und Wendungen, mit denen man Wünsche, Bedürfnisse, Hoffnungen und Erwartungen äußern kann. Fast immer wird das, was man wünscht oder erwartet, mit einem Verb im *subjuntivo* – *presente* oder *imperfecto*, je nachdem in welcher Zeit das Verb im Hauptsatz steht – ausgedrückt.

Quiero que me ayudes. Ich möchte, dass du mir hilfst.
Querría que me ayudases. Ich wollte, dass du mir hilfst.
Ist das Subjekt von Haupt- und Nebensatz gleich, verwendet man den Infinitiv:
Quiero ir a bailar. Ich möchte tanzen gehen.

Bringen Sie die Buchstaben der Verben des Wünschens am Satzanfang in die richtige Reihenfolge und geben Sie die anderen Verben in Klammern im *presente* oder *imperfecto de subjuntivo* an.

a (u q r i e o) ______ que (tú / volver) ______ pronto.

b Alba, (t n e o i c e s) ______ que me (tú / echar) ______ una mano, por favor.

c Todos (s d a e m o s e) ______ que (él / ganar) ______ el concurso.

d Mi padre (d s a í e r e a) ______ que yo (ser) ______ arquitecto.

e (m p e s a r o e s) ______ que Elisa nos (decir) ______ con quién salió anoche.

f (o s e p r e) ______ que con estas mantas no (vosotros / tener) ______ frío.

g (s c n e i t r e a m í a s o) ______ que alguien nos (ayudar) ______ .

h ¡(a j o á l) ______ (nosotros / saber) ______ la verdad un día!

i (r e u q i o) ______ que me (usted / pedir) ______ perdón por lo que me hizo.

j Me (a g r í s a u t) ______________ que te (limpiar) ____________________ los zapatos antes de entrar en casa.

k No es (c n e s a r e i o) ______________ que (tú / gritar) ________________ .

l (u i q e r i a s) ______________ que (tú / volver) ____________________ pronto.

m (r í q a u e r) ______________ que me (decir) ____________________ con quién saliste anoche.

n ¿Mucho calor? ¿No (s e í r a i q u) ______________ que (venir) ____________________ el buen tiempo?

echar una mano	zur Hand gehen
el concurso	der Wettbewerb
ser arquitecto	Architekt werden
la manta	die Decke

82 *Gracias por la invitación.*

Eine Geburtstagsfeier, ein Abendessen mit Freunden, ein Ausflug in die Berge ... Es gibt viele Gelegenheiten, zu denen man Freunde einladen kann oder zu denen man selbst eingeladen wird. In den folgenden kurzen Dialogen finden Sie viele Wendungen, mit denen Sie sowohl eine Einladung aussprechen als auch auf eine solche reagieren können.

Verbinden Sie die Fragen mit den passenden Antworten.

a ¿Vamos al cine el sábado por la noche?

b ¿Quieres que vayamos mañana a la playa?

c ¿Organizamos una excursión a Granada?

d ¿Vienes de pesca el domingo?

1 Me gustaría, pero no sé jugar.

2 Sí, me encantan los pasteles.

3 Buena idea. ¿Dónde quedamos? ¿Delante de la discoteca?

4 Sí, gracias.

e	En el puente de mayo nos vamos a Berlín; ¿queréis venir con nosotros?	5	No, a la playa otra vez no. Todavía tengo la espalda quemada del otro día.
f	¿Quiere usted que la acompañe al médico?	6	Lo siento, el sábado no puedo. Es el cumpleaños de mi padre.
g	¿Quieres un poco más de zumo?	7	¡Estupendo! A las 8 estamos allí.
h	¿Echamos una partida de ajedrez?	8	¿Adónde vamos, al río o al pantano?
i	¿Te gustaría probar este pastel?	9	Gracias. Espero no llegar tarde, porque ese día tengo que ir a Madrid.
j	¿Qué te parece ir a bailar esta noche?	10	¡Ojalá pudiéramos, pero Sandra no tiene puente, trabaja todo el mes!
k	¿Venís el viernes a cenar a casa?	11	No, gracias, muy amable, puedo ir sola sin problemas.
l	El 27 es mi cumpleaños. Te espero sin falta a merendar en mi casa.	12	¿Para ver la Alhambra? ¡No la conozco, me encantaría!

la pesca	das Angeln
el puente de mayo	der Brückentag zum 1. Mai
echar una partida	eine Partie spielen
el pastel	der Kuchen
sin falta	ganz bestimmt
merendar *(-ie-)*	Brotzeit machen
tener la espalda quemada	auf dem Rücken einen Sonnenbrand haben
el otro día	neulich
el pantano	der Stausee

83 *Le* und *les* vor *lo(s)* und *la(s)* – was nun?

Die Stellung der Objektpronomen in einem spanischen Satz ist klar geregelt.

- Das Objektpronomen steht vor dem konjugierten Verb:
  Escribo ***la postal***. → ***La*** *escribo.*
- Das Objektpronomen kann an einen Infinitiv und ein Gerundium angehängt werden:
  La *quiero escribir. / Quiero escribir****la***.
  La *estoy escribiendo. / Estoy escribiéndo****la***.
- Bei einem bejahten Imperativ wird das Objektpronomen angehängt, bei einem verneinten wird es vorangestellt:
  *¡Escríbe****la****! – ¡No* ***la*** *escribas!*

In Sätzen mit einem direkten und einem indirekten Objektpronomen gilt: indirekt vor direkt. Achtung! *Le* und *les* werden vor *lo, la, los, las* zu *se*.
Nach einer Präposition stehen immer die betonten indirekten Objektpronomen. Häufig werden diese durch die unbetonte Form noch einmal aufgegriffen:
A mí me gusta bailar.

Bringen Sie die Antworten in die richtige Reihenfolge und ergänzen Sie dabei auch die fehlenden Objektpronomen an der richtigen Stelle.

a	¿Podría traerme otra cerveza?	traigo Sí, enseguida *Sí, enseguida* ***se la*** *traigo.*
b	¿Le has devuelto el móvil a tu hermana?	devuelto Sí, he ya __________ __________
c	¿Todavía no os han dado las llaves del piso?	No, no aún dado han __________ __________
d	¿Quieren que les sirva unas tapitas variadas con la cerveza?	gracias Sí, pónga __________ __________

e	Mario, ¿has limpiado los zapatos?	mamá Estoy limpiando
f	Me han traído un portátil estupendo de América.	ha ¿Quién traído?
g	¿A quién le has vendido la moto?	amigo vendí a un
h	¿Ya os han dado la noticia?	dar Sí, de acaban
i	¿Quién le dijo a tu novio que estabas aquí?	hermana dijo su

las tapitas variadas	kleine gemischte Tapas
el portátil	der Laptop

84 Aus zwei mach eins!

In jeder Sprache ist die Verwendung eines komplexen Haupt- und Nebensatzes eleganter, als zwei Hauptsätze mit identischen Bezugswörtern einfach nur aneinanderzureihen. Eine Möglichkeit diese Satzverbindungen herzustellen sind Relativpronomen (bzw. Adverbien, die die zusammengesetzten Relativpronomen ersetzen). Ein Beispiel:

Los libros están en la mesa.
Los libros son míos.

***Los libros que** están en la mesa son míos.*

Hier nun verschiedene Möglichkeiten des relativen Satzanschlusses:

- *que* (der/die/das) → für Personen und Sachen, auch nach kurzen Präpositionen wie *a, de, en, con*
- *quien / quienes* (der/die) → für Personen
- *el/la/los/las que* oder *el/la cual, los/las cuales* (der-/diejenige, welche/-r) → zur Unterscheidung und in Verbindung mit kurzen und langen Präpositionen
- *lo que / lo cual* (das, was) → bezieht sich auf einen ganzen Satz
- *cuyo/-a/-os/-as* (dessen/deren) → richtet sich nach dem Bezugswort
- *cuanto* (so viel) und die Adverbien *como* (wie), *cuando* (wann), *donde* (wo) → leiten einen Relativsatz ein

Wählen Sie das passende Relativpronomen aus und vervollständigen Sie damit den jeweiligen Satz.

como   donde (2×)   con el que   en quien   cuyos   cuanto   a la que
los que   lo cual   a quienes   lo que   que (2×)   quienes   de cuya   cuando

a Esta es la casa ____________ nací.
b – ¿Fueron los romanos ____________ construyeron el acueducto de Segovia?
~ Sí, ellos fueron ____________ lo construyeron.
c He comprado un móvil ____________ se puede ver la TV.
d Aquel es el chico ____________ familia te he hablado.
e Reaccionó ____________ era de esperar.
f Es un hombre ____________ se puede confiar.
g Recuerdo con nostalgia aquella época ____________ éramos pequeños…
h El día ____________ nos conocimos llovía a cántaros.
i ¿Qué está buscando usted? – Estoy buscando un lugar ____________ pasar la noche.

j Le dije ____________ sabía.
k Ganó el primer premio, ____________ fue un orgullo para toda la familia.
l Comprendo ____________ quieres decir, pero no estoy de acuerdo.
m Las rosas ____________ me regalaste eran preciosas, muchísimas gracias.
n Los señores ____________ viste ayer conmigo son mis vecinos.
o La mujer ____________ saludó tan efusivamente era su ex-mujer.
p Los perros ____________ dueños eran neuróticos se comportaban también como animales neuróticos.

el acueducto	der Aquädukt
confiar	vertrauen
llover a cántaros *(-ue-)*	in Strömen regnen
el orgullo	der Stolz
efusivamente (*Adv.*)	überschwänglich
el dueño	der Besitzer
neurótico	neurotisch
comportarse	sich verhalten

85 *Pero solo un trocito.* – Die Verkleinerungsformen

Mit Verkleinerungsformen (Diminutive) gibt man an, dass etwas klein (*una casita* → ein Häuschen) oder niedlich und nett (*mi hermanito* → mein Brüderchen) ist. Außerdem können sie die Bedeutung eines Wortes verstärken (*tranquilito* → ganz ruhig) oder dessen negative Ausprägung betonen (*listo* → schlau, *listillo* → besserwisserisch).
Diminutive gibt es nicht nur von Substantiven, sondern auch von Adjektiven (*pequeñito* → klein, winzig) und in Lateinamerika auch von Adverbien (*ahorita* → jetzt gleich). In Lateinamerika werden Verkleinerungsformen sogar doppelt gebraucht: *chica* (Mädchen) → *chiquita* (kleines Mädchen) → *chiquitita* (nettes, kleines Mädchen).

Diminutive werden durch Anhängen bestimmter Nachsilben (Suffixe) gebildet. Die häufigsten Suffixe sind:
- *-ito/-ita* und *-illo/-illa* bei Wörtern, die auf *-o* oder *-a* enden: *casa* → *casita, bolso* → *bolsillo*

– *-cito/-cita* und *-cillo/-cilla* bei Wörtern, die auf *-e* oder Konsonant enden: *café → cafecito; joven → jovencito*

Achtung: Einige Wörter sehen aufgrund ihrer Endung wie eine Verkleinerungsform aus, sind aber eigenständige Substantive, z. B. *cuchillo* → Messer. Wieder andere Wörter leiten sich von ihrer Form her von einem Substantiv ab, werden aber mit einer anderen Bedeutung verwendet, z. B. bedeutet *ventanilla* – obwohl abgeleitet von *ventana* – nicht „Fensterchen", sondern „Schalterfenster" (z. B. für Fahrkarten).

Folgen sie den Beispielen und geben Sie die fehlenden Formen an.

	Grundwort	Diminutiv spanisch	Diminutiv deutsch	andere Bedeutung
	casa	casita	*Häuschen*	–
	–	cuchillo	–	*Messer*
		ventanilla		*Fahrkartenschalter*
a		vasito		
b		cucharilla		
c		trocito		
d		tortilla		
e		castillo		
f		cervecita		
g		poquito		
h		tacita		
i		panecillo		
j		cochecito		
k		besito		
l		pobrecito		
m		calzoncillos		
n		rodilla		
o		bocadillo		
p		vajilla		
q		palomitas		
r		carrito		

86 Sinnverwandte Wörter I

Synonyme (gleichbedeutende oder sinnverwandte Wörter) helfen Ihnen dabei, Wiederholungen zu vermeiden und sind außerdem Ausdruck eines umfangreichen Wortschatzes.

Welches Wort aus A ist Synonym eines Wortes aus B? Bilden Sie Wortpaare.

A

roca tal vez circular oliva responder acordarse foto edificio empezar cuarto clínica habitante propietario anciano vaso vidrio entierro infancia comprar florero

B

recordar casa dueño imagen quizás comenzar piedra hospital habitación copa ciudadano jarrón viejo redondo contestar aceituna adquirir funeral cristal niñez

A		B
	=	
	=	
	=	
	=	
	=	
	=	
	=	
	=	
	=	
	=	
	=	
	=	
	=	
	=	
	=	
	=	
	=	
	=	
	=	
	=	

9

87 Das kommt mir Spanisch vor.

Sagt ein Deutscher, dass ihm „etwas Spanisch vorkommt", dann findet er es höchst seltsam. Einem Spanier wird etwas Spanisches aber keineswegs seltsam vorkommen. Er greift in einem solchen Fall auf eine andere Nationalität – nämlich Chinesisch – zurück und sagt: *Esto me suena a chino.*

Verbinden Sie je zwei Satzteile zu einem spanischen Sprichwort und ordnen Sie dieses dann seiner deutschen Entsprechung zu.

De tal palo, | Se coge antes a un mentiroso | Perro ladrador | que ciento volando. | lo que reluce. | De noche todos los gatos | Más vale pájaro en mano | Dios le ayuda. | no se le mira el diente. | A quien madruga, | La experiencia | No es oro todo | no hace daño. | Mala hierba | poco mordedor. | nunca muere. | A caballo regalado | son pardos. | Cada oveja | con su pareja. | Una vez al año | es la madre de la ciencia. | que a un cojo. | tal astilla.

a Morgenstund hat Gold im Mund.

b Der Apfel fällt nicht weit vom Stamm.

c Besser den Spatz in der Hand als die Taube auf dem Dach.

d Hunde, die bellen, beißen nicht.

e Einmal ist keinmal.

f Einem geschenkten Gaul schaut man nicht ins Maul.

g Bei Nacht sind alle Katzen grau.

h Unkraut vergeht nicht.

i Gleich und gleich gesellt sich gern.

j Probieren geht über studieren.

k Es ist nicht alles Gold, was glänzt.

l Lügen haben kurze Beine.

el palo	der Stock
coger	*hier* ergreifen
el mentiroso	der Lügner
ladrar	bellen
relucir *(-zc-)*	glänzen
madrugar	früh aufstehen
el daño	der Schaden
la mala hierba	das Unkraut
morder *(-ue-)*	beißen
pardo	braun
la ciencia	die Wissenschaft
el cojo	der Lahme
la astilla	der Splitter

9

88 Wortschatz im Kontext: *¿Vamos al cine esta noche?*

Diese Übung enthält viele Ausdrücke, die nützlich sein können, wenn Sie sich in Spanien oder Lateinamerika verabreden – ganz gleich, ob zu einem Kino- oder Theaterbesuch, zu Wein und Tapas oder zum Tanzen.

Vervollständigen Sie den Dialog mit den passenden Ausdrücken.

entradas a las cinco va bien tienes ganas parecería poniendo
por internet acuerdo quedamos no importa mejor apetece
perfecto estaré libre primero vale después

Pili (●) y Jaime (■) son novios. Ella lo llama a él para ponerse de acuerdo para ir al teatro.

● Hola, cariño.
■ ¿Qué hay, princesa? ¿Qué me cuentas?
● Escucha, tesoro, ¿ ____________ de ir al cine esta tarde?
■ Si me lo pagas tú ...
● ¡Qué tonto eres! ¿Dónde ____________ ?
■ Hoy termino a las seis. ¿Te ____________ si te recojo a las siete menos cuarto y luego nos vamos?
● ____________ .
■ Bueno, pues entonces quedamos así, ____________ .
● Cariño, otra cosa, te tengo preparado un plan maravilloso para el sábado...
■ ¿Otro? Pues dímelo enseguida, porque este sábado trabajo hasta las tres.
● No hay ningún problema, cielo, aunque el sábado salgas a las tres, porque el plan empieza por la tarde. ¿Qué te ____________ ir ____________ a merendar a *Casa Patas* y ____________ al teatro? ¿No te ____________ ?
■ ¿A qué teatro? ¿A ver qué obra?
● Al *María Guerrero*. Están ____________ *Bodas de sangre*, de Lorca. A ti te encanta Lorca...
■ ¿Pero ya has reservado mesa en *Casa Patas*?
● Por supuesto.
■ ¿Y también tienes las ____________ para el teatro?
● No, las entradas aún no, pero voy a comprarlas ____________ en cuanto llegue a casa.

■ Bien, entonces perfecto, el plan está muy bien, pero después del trabajo tengo que pasar por casa de Raúl para recoger un portátil de la empresa y no ________________ antes de las cuatro o las cuatro y cuarto.
● ______________, cariño. Podemos quedar en mi casa ______________.
■ ________________ un poco más tarde…, hacia las cinco y media; quiero pasar antes por el piso para cambiarme. ¿Vale, princesa?
● De ________________, cariño. Un besito.
■ Un beso, princesa. Adiós.

poner	*hier* (Theaterstück) zeigen
¡Qué tonto eres!	*etwa* Jetzt spinn doch nicht!
recoger	abholen
aunque salgas a las tres	auch wenn du um drei aufhörst
merendar *(-ie-)*	*hier* eine Kleinigkeit essen
el (Teatro) *María Guerrero*	*Theater in Madrid, benannt nach der berühmten spanischen Schauspielerin María Guerrero (1867–1928)*
Bodas de sangre	*Bluthochzeit (Theaterstück von Federico García Lorca)*
(Federico García) Lorca	*spanischer Schriftsteller (1898–1936)*
en cuanto	sobald
cambiarme	sich umziehen

89 *Sueña con un millonario …* und andere Träume.

Übersetzt man die Überschrift wörtlich, träumen Spanier „mit einem Millionär“, gemeint ist jedoch „von einem Millionär“. Welche Präposition auf ein Verb folgt, ist reine Lernsache. In den folgenden Sätzen können Sie die Konstruktion Verb + Präposition mit einigen der geläufigsten Verben üben.

***A, con, de, en, para, por, sobre de* oder nichts? Geben Sie die fehlende Präposition an. Achtung: Ab und zu verschmelzen Präposition und Artikel!**

a ¿Puedo contar ______ usted?
b Está empezando ______ nevar.
c Recuerdo ______ los lejanos años de la infancia.

d ¡No juegues ______ las tijeras!
e ¿Sigues pensando ______ ella?
f Este té huele ______ fresas.
g ¿Quién te enseñó ______ hacer pan?
h Me he equivocado ______ número.
i Cuando entré, estaban hablando ______ mí.
j María se gasta medio sueldo ______ perfumes.
k El Dr. Ramírez se interesa mucho ______ los enfermos.
l ¿Sabéis jugar ______ el ajedrez?
m Luis no se lleva bien ______ su suegra.
n Quedamos ______ que yo limpiaría la casa y tú cocinarías, ¿no?
o ¿Te gustaría trabajar ______ camarero en un barco?
p No sé por qué tarda tanto ______ volver.
q ¿Te acuerdas ______ tía Rosa?
r Te cambio el coche ______ la moto. – ¡ ______ ninguna manera!
s Llegaron ______ el hotel después ______ la medianoche.
t No termina ______ llover.

los lejanos años	die weit zurückliegenden Jahre
las tijeras	die Schere
oler *(-ue-)*	riechen
equivocarse	sich irren
el sueldo	das Gehalt
el ajedrez	das Schachspiel

90 So ein Spektakel!

Wie heißt die Erstaufführung eines Films auf Spanisch und was machen die Zuschauer, wenn ihnen ein Theaterstück gut gefallen hat?

Die *sopa de letras* im Kasten auf der folgenden Seite enthält – von links nach rechts und von oben nach unten – 22 spanische Begriffe rund ums Kino und Theater. Suchen Sie den spanischen Begriff und ordnen Sie ihn der deutschen Entsprechung zu. Geben Sie auch den bestimmten Artikel an.

R	U	T	X	A	I	L	S	O	Q	N	P	E	P	R	E	M	I	O	C
L	A	R	G	O	M	E	T	R	A	J	E	N	U	L	K	U	A	P	H
A	L	O	U	**P**	**E**	**L**	**I**	**C**	**U**	**L**	**A**	O	B	E	I	J	Y	A	E
S	Y	D	Q	E	A	C	T	R	I	Z	V	B	L	Z	I	H	F	N	S
B	O	A	E	D	C	L	T	Z	R	B	N	R	I	T	I	E	Y	T	T
U	Z	R	R	E	P	R	E	S	E	N	T	A	C	I	O	N	Q	A	R
T	G	D	S	E	R	B	N	Q	S	Y	Z	U	O	V	M	S	S	L	E
A	I	L	R	J	M	F	U	N	C	I	O	N	Q	A	Y	A	G	L	L
C	R	T	L	N	E	S	B	M	E	L	Q	E	C	F	H	Y	A	A	L
A	O	P	Q	E	N	R	T	A	N	X	C	V	T	E	L	O	N	P	A
S	C	A	F	G	T	Q	P	L	A	P	L	A	U	D	I	R	P	G	Q
Q	J	E	S	T	R	E	N	O	O	Z	L	K	F	Y	N	V	T	D	H
G	P	R	O	T	A	G	O	N	I	S	T	A	E	G	U	I	O	N	D
E	L	T	I	U	D	I	R	E	C	T	O	R	S	J	L	U	H	Q	N
G	A	C	F	D	A	I	P	L	B	E	S	C	E	N	A	R	I	O	Y

la película ______ der Film
______ die Schauspielerin
______ die Premiere
______ der Regisseur
______ der Vorhang
______ die Leinwand
______ der Filmstar
______ der Spielfilm
______ das (Theater-) Stück
______ die Eintrittskarte
______ die (Film-) Vorstellung

______ das Drehbuch
______ die Hauptfigur
______ der Preis
______ das Publikum
______ applaudieren
______ die Probe
______ die Bühne
______ die Szene
______ die (Theater-) Aufführung
______ (einen Film) drehen
______ der Parkettplatz

91 Wenn ich nur wüsste, ob *cuando* oder *si*?

Aufgrund der ähnlichen Bedeutung im Deutschen werden die Konjunktionen *si* (wenn, falls, ob) und *cuando* (wenn, als) gerne verwechselt (vgl. Übung 48). Die kleinen, aber feinen Unterschiede lauten:

– *Si* heißt sowohl „wenn“ im Sinne von „falls“, als auch „ob“:

***Si** podemos, te ayudaremos a pagar la casa.*	**Wenn / Falls** wir können, werden wir dir helfen, das Haus zu bezahlen.
*Todavía no sé **si** mañana tendré tiempo.*	Ich weiß noch nicht, **ob** ich morgen Zeit haben werde.

– *Cuando* heißt auch „wenn“, aber im zeitlichen Sinne von „immer wenn“, außerdem kann es „als“ bedeuten.

***Cuando** te llamo nunca estás en casa; ¿dónde te metes?*	**Wenn / Immer wenn** ich dich anrufe, bist du nie zu Hause; wo steckst du bloß immer?
*Emigraron a América **cuando** Clara era todavía una niña.*	Sie wanderten nach Amerika aus, **als** Clara noch ein Kind war.

Ergänzen Sie *si* und *cuando* und verbinden Sie zu sinnvollen Sätzen.

a	_________ te concentras,	1	encontramos la puerta abierta.
b	Todavía no sabemos con certeza	2	_________ te robaran el coche?
c	_________ llegamos a casa,	3	habríais visto el cometa.
d	Ayer, justo _________ estábamos a punto de ir a la piscina,	4	no pego ojo en toda la noche.
e	_________ no lloviese,	5	abrigaos bien, no salgáis de casa sin bufanda.
f	_________ volvimos a vernos	6	sabrás resolver el problema.
g	¿Que _________ toca bien el piano?	7	parece que todos somos más buenos.
h	_________ llega la Navidad,	8	empezó a llover.
i	¿Qué harías tú	9	_________ este año iremos a los Pirineos.

j	_________ tomo café después de cenar,	10	¡Ya lo creo: ha ganado ya muchos premios!
k	_________ hace frío,	11	saldríamos a dar una vuelta.
l	_________ os hubieseis levantado a las tres,	12	casi no nos conocíamos.

la certeza	die Sicherheit
justo	genau
estar a punto de hacer algo	gerade etwas tun wollen
el cometa	der Komet
no pegar ojo	kein Auge zumachen
abrigarse	*hier* sich warm anziehen
la bufanda	der Schal
dar una vuelta	einen Spaziergang machen

92 Wenn das Wörtchen „als“ nicht wär ...

Und weiter geht es mit „als“, dem wir gerade (vgl. Übung 91) in der Form von *cuando* begegnet sind. Neben *cuando* gibt es noch weitere spanische Entsprechungen für „als“. Hier ein Überblick:

- zeitlich → *cuando*:
  Cuando llegué a casa, ... — Als ich nach Hause kam, ...
- zeitlich → mit dem *gerundio*:
  Jugando al fútbol, ... — Als er Fußball spielte, ...
- bei Vergleichen → *que*:
  Madrid es más grande que Toledo. — Madrid ist größer als Toledo.
- „in der Eigenschaft als“ → *como* oder *de*:
  Como jefe de la empresa, ... — Als Firmenchef ...
  Nos sirvió de guía. — Er diente uns als Reiseführer.
- „als ob, als wenn“ → *como si / como que* + *imperfecto del subjuntivo*:
  Como si / Como que no lo supiera. — Als wenn er es nicht wüsste.
- feste Wendungen: *de niño* (als Kind), *todo menos guapa* (alles andere als hübsch)

10

Kreuzen Sie das richtige Wort an.

a	____ su madre lo supo, sufrió un ataque de nervios.	☐ Cuando	☐ Como
b	¡Este coche no me da más ____ problemas!	☐ de	☐ que
c	____ la escalera, resbaló y se rompió la muñeca derecha.	☐ De bajar	☐ Bajando
d	____ gerente de una mediana empresa asume una gran responsabilidad.	☐ Como	☐ Cuando
e	Nunca he visto un paisaje más bonito ____ este.	☐ que	☐ como
f	Estás tan hambriento ____ no hubieses comido nada en tres días.	☐ como si	☐ si como
g	____ yo era niño, mi padre iba al trabajo en bicicleta.	☐ Cuando	☐ Que
h	Gana más dinero del ____ puede gastar.	☐ que	☐ como
i	No piensa más ____ en llevarme de tiendas todo el día, ____ yo no tuviera otra cosa que hacer.	☐ como ☐ como si	☐ que ☐ que
j	Más ____ 1000 ecologistas habían tomado parte en la manifestación.	☐ de	☐ que
k	____ pequeño no tuvo muchos juguetes.	☐ De	☐ Cuando
l	Marina toca el violín desde luego mejor ____ yo.	☐ que	☐ como
m	Los niños hacían ____ dormían.	☐ como que	☐ como
n	Precisamente ____ íbamos a salir, empezó a llover.	☐ cuando	☐ como

... empezó a llover ...

el ataque de nervios	der Nervenzusammenbruch
la muñeca	*hier* das Handgelenk
el gerente	der Geschäftsführer
la mediana empresa	das mittelständische Unternehmen
hambriento	hungrig
ir de tiendas	shoppen gehen
el ecologista	der Umweltschützer
la manifestación	die Demonstration

93 *Lo que tú quieras.* – Was immer du möchtest!

Wenn man eine Entscheidung seinem Gesprächspartner überlassen möchte, dann verwendet man im Deutschen oft die Wendung „Was / Wo(hin) / Wie (auch immer) du möchtest". Im Spanischen wird hierfür die Konstruktion Fragewort bzw. *lo / la / los / las que + subjuntivo* verwendet.

– *¿Salimos o nos quedamos en casa?*	– Sollen wir ausgehen oder zu Hause bleiben?
~ *Lo que tú quieras.*	~ Was du möchtest.
– *Y ahora, ¿adónde vamos?*	– Und nun, wohin sollen wir gehen?
~ *Adonde tú quieras.*	~ Wohin du möchtest.

10

Verbinden Sie die Fragen mit der jeweils passenden Antwort und vervollständigen Sie diese.

a	¿Dónde desayunamos, en el comedor o en la terraza?	1	____________ tú quieras.
b	¿Cuándo nos reunimos para trabajar en nuestro proyecto?	2	Traedla ____________ queráis, hoy no saldremos de casa.
c	¿Cómo desea enviar la carta?	3	____________ vosotros queráis.
d	¿Qué rosas le regalamos a la abuela, las amarillas o las rojas?	4	____________ nos lleven nuestros padres, ellos son los que deciden.
e	¿Adónde vamos, al cine o al teatro?	5	____________ la tengas, es igual.
f	¿Cómo prefieres la cerveza, fría o del tiempo?	6	____________ prefieras, lleva las que más te gusten.
g	¿Qué habéis decidido hacer por fin?	7	____________ tú digas, yo ya estoy libre.
h	Niños, ¿adónde vais a ir este año de vacaciones?	8	____________ tú quieras.
i	Mamá, ¿cuándo quieres que os llevemos a la niña?	9	____________ ellos digan.
j	¿Qué camisas te parece que lleve a Roma?	10	____________ el público elija.
k	¿A qué hora vamos al cine, a las ocho o a las diez?	11	____________ tú prefieras.
l	¿Qué blusa me pongo, la blanca o la rosa?	12	____________ usted considere que llega antes.
m	¿Qué canción va a representar a España en el festival de Eurovisión?	13	____________ tú quieras.

del tiempo	*hier* in Zimmertemperatur
elegir *(-i-)*	(aus)wählen

94 *Estudio español porque ...*

Aus welchem Grund oder mit welcher Absicht man etwas tut, kann man auf Spanisch u. a. wie folgt ausdrücken:

– *¿Por qué estudia usted español?*	– Warum lernen Sie Spanisch?
~ *Estudio español ...*	~ Ich lerne Spanisch, ...
– *por / para* + Substantiv:	
... *por mi trabajo.*	... wegen meiner Arbeit.
... *para su beneficio.*	... zu seinem Nutzen.
– *para* + Infinitiv:	
... *para viajar a Perú.*	..., um nach Peru zu reisen.
– *para que* + subjuntivo:	
... *para que mis amigos de Málaga me entiendan.*	..., damit mich meine Freunde in Malaga verstehen.
– *porque* + Indikativ:	
... *porque mi nuera es española.*	..., weil meine Schwiegertochter Spanierin ist.

Geben Sie Grund oder Absicht auf Spanisch an.

a – ¿Para qué cortas las rosas?
~ Für die Geburtstagsfeier der Großmutter.
~ ______________________________

b – ¿Por qué estáis todo el santo día escuchando la misma canción?
~ Weil es uns gefällt.
____

c – ¿Para qué quiere usted a su edad un ordenador?
~ Um im Internet zu surfen.
____

d – ¿Por qué me has dicho esas cosas?
~ Damit du es auch weißt.
____

e – Christian, ¿por qué estudias español?
~ Weil ich im nächsten Jahr mit dem Fahrrad durch Argentinien fahren möchte.
____

f – Madre Teresa de Calcuta entregó su vida a los pobres.
~ Ja, sie hat es aus Nächstenliebe getan.
____

g – ¿Por qué se han publicado esos datos?
~ Um die Wahrheit herauszufinden.

____

h – ¿Por qué acordonó la policía el lugar del delito?
~ Damit niemand etwas anrührt.

____

i – ¿Por qué gritas?
~ Damit sie mich hören.

____

todo el santo día	den lieben langen Tag
navegar por Internet	im Internet surfen
en bici	mit dem Fahrrad
recorrer	durchfahren, bereisen
entregar	*hier* hingeben
la caridad	die Nächstenliebe
esclarecer *(-zc-)*	*hier* herausfinden
acordonar	absperren
el lugar del delito	der Tatort

95 Noch einmal stellt sich die Frage: *¿Ser o estar?*

In dieser Übung geht es noch einmal um *ser* und *estar* (vgl. Übungen 9, 26 und 63), dieses Mal aber in Verbindung mit umgangssprachlichen Wendungen.

Vervollständigen Sie die Wendungen mit *ser* oder *estar* und kreuzen Sie dann die jeweilige Entsprechung für den fett gedruckten Ausdruck an.

a La plaza ____________ **de bote en bote.**
☐ llena de gente ☐ muy cerca ☐ cerrada al tráfico

b Cuando vivía en Barcelona ____________ **sin blanca.**
☐ no tenía novia ☐ no tenía dinero ☐ no tenía esperanza

c Hay que reconocerlo: Alejandro ____________ **un plomo.**
☐ está muy gordo y pesa mucho ☐ es un pesado porque molesta mucho ☐ es una persona triste

d Marta ___________ de su trabajo **hasta el gorro.**
- ☐ está harta
- ☐ está muy contenta
- ☐ trabaja mucho

e ¿Pablo? Sí, Pablo ___________ sin duda **un buen partido.**
- ☐ es un soltero deseable
- ☐ es un buen político
- ☐ reparte bien las cosas

f Mercedes y Paquita ___________ **uña y carne.**
- ☐ son muy amigas
- ☐ no se parecen en nada
- ☐ no son vegetarianas

g María ___________ **en los huesos.**
- ☐ está muy delgada
- ☐ tiene un carácter fuerte
- ☐ es traumatóloga

h Para mí las matemáticas ___________ **pan comido.**
- ☐ son difíciles
- ☐ son aburridas
- ☐ son fáciles

i Recuerdo que mi profesor de latín ___________ **un hueso.**
- ☐ estaba muy delgado
- ☐ tenía un carácter ácido
- ☐ era muy exigente

j Me han dicho que Lorenzo ___________ también **en el ajo.**
- ☐ también sabe hacer la comida
- ☐ está implicado en el asunto
- ☐ trabaja arrancando ajos

k Hoy no se puede hablar con Elisa: ___________ **de uñas.**
- ☐ ha ido a hacerse la manicura
- ☐ está muy irritada
- ☐ se está arreglando ella misma las uñas

l ¡___________ **en ascuas!**
- ☐ tengo mucho calor calor
- ☐ estoy muy colorado/-a
- ☐ estoy impaciente

m ¡Esto ___________ **coser y cantar!**
- ☐ muy divertido
- ☐ imposible
- ☐ muy fácil

n No fue al examen porque ___________ **pez.**
- ☐ no sabía nada
- ☐ estaba enfermo
- ☐ estaba bañándose en el río

cerrado	*hier* gesperrt
el plomo	das Blei
pesado	aufdringlich
el gorro	die Mütze
harto	überdrüssig
la uña	der Fingernagel
ácido	sauer
exigente	anspruchsvoll
implicar	hineinziehen
arrancar	ausreißen
irritado	*hier* verärgert
el ascua	die Glut
coser	nähen

96 Wortschatz im Kontext: *Una reserva de hotel*

Falls Sie ein Hotelzimmer in Spanien oder Südamerika reservieren möchten, können die Wendungen im folgenden Dialog für Sie nützlich sein.

Vervollständigen Sie das Telefonat zwischen Elvira Santana (cliente = ●) und dem Hotel Compostela (hotel = ■).

días incluido reservar hora teléfono habitación buen viaje
individuales alojamiento a nombre desayuno noche
conexión a Internet doble

La señora Elvira Santana quiere asistir a las fiestas del Patrón Santiago, el 25 de julio, y llama para reservar hotel. En la recepción del Hotel Compostela suena el teléfono.

■ ¿Sí? Buenas tardes. Hotel "Compostela". Le atiende Mercedes. ¿En qué puedo servirle?
● Hola, buenas tardes. Mire, quisiera ____________________ una habitación.
■ ¿Una habitación individual o una doble?
● Una individual.

■ Lo siento, señora, habitaciones ____________________ ya no nos quedan. Estamos casi al completo, lo lamento muchísimo.
● ¿Y una ____________________ ?
■ Doble sí, déjeme ver... Sí, dobles tenemos aún tres libres.
● ¿Y qué diferencia hay de precio entre una individual y una doble?
■ Depende. Porque si es para una sola ____________________ , la individual son 41,50 € y la doble son 64 €. Pero si es para cuatro o más ____________________ , la ____________________ doble le sale a 54,50 €.
● ¿Desayuno ____________________ ?
■ Naturalmente, señora, ____________________ y desayuno.
● ¿Está muy lejos de la catedral el hotel?
■ No, andando se llega en apenas diez minutos.
● ¿Tienen ustedes ____________________ en las habitaciones?
■ Por supuesto: TDT, teléfono y conexión a Internet, pero este último es un servicio extra que cuesta 1,20 € por ____________________ .
● ¿A partir de qué hora sirven el ____________________ ?
■ A partir de las 7,30.
● Está bien, resérveme una doble del 24 al 29.
■ De acuerdo, señora. ¿ ____________________ de quién, por favor?
● Elvira Santana Pozuelo.
■ Muy bien, señora Santana: cinco noches, del 24 al 29 de julio, a su nombre. ¿Podría dejarme un ____________________ de contacto, si no le importa?
● Cómo no: 685 974 123.
■ Muy amable. Entonces la esperamos el 24. Que tenga usted un ______________ .
● Muchas gracias.
■ A usted. Adiós, buenas tardes.

el alojamiento	die Unterkunft
la conexión a Internet	der Internetanschluss
asistir	teilnehmen
las fiestas del Patrón Santiago	*Feierlichkeiten zum Jakobstag*
el patrón	*hier* der Schutzheilige
atender *(-ie-)*	bedienen
andando	wenn man zu Fuß geht
apenas en diez minutos	in knapp zehn Minuten
TDT (Televisión Digital Terrestre)	Digitalfernsehen

97 Stilsichere Verbindungen mit *que* & Co.

Im vorangegangenen Kapitel sind Ihnen bereits verschiedene Möglichkeiten des relativen Satzanschlusses begegnet. In der folgenden Übung geht es darum, Relativsätze ins Spanische zu übersetzen. Neben der Auswahl der richtigen Relativpronomen (vgl. Übung 84) müssen Sie nun auch die folgenden grammatikalischen und stilistischen Feinheiten beherzigen:

Das Verb im Relativsatz steht im Indikativ,

- wenn es sich um eine konkrete Sache oder Person handelt:

Vivimos en una casa ***que tiene*** *un jardín grande.*	Wir wohnen in einem Haus, das einen großen Garten hat.

Das Verb im Relativsatz steht im Subjuntivo,

- wenn ein Wunsch geäußert wird:

Preferiríamos una casa ***que estuviera*** *aislada.*	Wir hätten lieber ein Haus, das freistehend ist.

- wenn das Verb im Hauptsatz verneint ist:

No conozco a nadie ***que viva*** *en una casa con jardín.*	Ich kenne niemanden, der in einem Haus mit Garten wohnt.

Übersetzen Sie.

a Wir brauchen ein Auto, das nicht viel Benzin verbraucht.

b Der Krimi, den ich im letzten Sommer gelesen habe, war unglaublich spannend.

c Für die Ferien suchen wir ein Haus, das direkt am Strand liegt.

d Er möchte keine Stelle in einem Unternehmen, das Überstunden nicht bezahlt.

e Hast du das Fleisch gegessen, das im Kühlschrank war?

f Es tut mir leid, aber die Krawatte, die du mir geschenkt hast, gefällt mir nicht.

g Morgen fahren wir in eine Stadt, die im 13. Jahrhundert gegründet wurde.

h Kennst du niemanden, der mir eine fünf Meter hohe Trittleiter leihen könnte?

i Leihe einer Person, die du nicht gut kennst, kein Geld.

j Das Haus, das die schmiedeeiserne Tür hat, war das Haus meiner Großeltern.

k Niemand nimmt in seinem Haus eine Person auf, die er nicht kennt.

gastar	verbrauchen
la novela policiaca	der Krimi
intrigante	spannend
dar a la playa	*hier* am Strand liegen
el puesto de trabajo	die Stelle
las horas extra	die Überstunden
ser fundado	gegründet werden
saber de	*hier* kennen
prestar	leihen
la escalera de mano	die Trittleiter
de forja	schmiedeeisern
acoger	aufnehmen

98 Vermutungen über Vermutungen ...

Vermutungen und Annahmen können Sie auf Spanisch u. a. wie folgt äußern:

- mit dem Futur I:
  Serán las dos. — Es wird zwei Uhr sein.
- mit dem Futur II:
  Se habrá quedado dormido. — Er wird wohl verschlafen haben.
- mit Ausdrücken wie *posiblemente* (möglicherweise), *probablemente* (wahrscheinlich), *quizá(s)* und *tal vez* (vielleicht), *es posible que* + *subjuntivo* (es ist möglich, dass ...):
  Probablemente ya hayan salido. — Wahrscheinlich sind sie schon abgereist.
  Es posible que no vengan. — Es ist möglich, dass sie nicht kommen.
- mit *seguramente* (sicherlich), wenn Sie etwas mit Sicherheit annehmen:
  Seguramente vendrá. — Sicherlich wird er kommen.

Übersetzen Sie die Ausdrücke in Klammern und vervollständigen Sie mit den Verben zu sinnvollen Sätzen.

salga sepamos se retrasará vengan habrán llegado se retrase
vaya se me hayan caído regalen habrán tenido me habré confundido
estará se haya olvidado cogerán

a – ¿No va tu hija a Alemania?
~ Este año no, (vielleicht) ______ ______ el próximo.

b (Wahrscheinlich) ______ Rosa no ______ hoy, porque ayer tenía fiebre.

c ¿(Ist es möglich, dass) ______ Carlos ______ de la cita? La película va a empezar dentro de cinco minutos y no hay ni rastro de él.

d ¿ ______ ya a Granada? Son ya más de las ocho.

e (Vielleicht) ______ ______ algún día cuál fue la causa del accidente.

f – ¿Es la casa del señor López?
~ No, se ha equivocado usted.
– Disculpe, ______________ de número.

g He perdido en la playa las llaves del coche; (möglicherweise) ______________ ______________ al ponerme el bañador.

h (Sicherlich) ______________ ______________ un taxi, porque la estación queda muy lejos.

i Los invitados no han llegado aún. ¿ ______________ algún percance?

j – El tren tiene la llegada a las tres en punto, pero (sicherlich) ______________ ______________ .
~ Sí, (es ist möglich, dass) ______________ ______________ . La puntualidad no es el fuerte de estos trenes.

k (Vielleicht) ______________ mis hijos me ______________ un canario.

l (Wahrscheinlich) ______________ esta tarde ______________ tus padres a tomar café.

m Mi colega no ha llegado todavía. ¿Dónde ______________ ?

retrasarse	sich verspäten
confundirse	sich vertun
No hay ni rastro de él.	Es ist nicht die Spur von ihm zu sehen.
al ponerme	als ich mir anzog
el percance	das Missgeschick
el fuerte	die Stärke
el canario	der Kanarienvogel

99 *¡Todo lo contrario!*

In dieser Übung geht es um Verbpaare, die eine gegensätzliche Bedeutung haben.

Tragen Sie in das *crucigrama* jeweils das Gegenteil des kursiv gedruckten Verbs ein. Achten Sie dabei auf die richtige Person und Zeit, damit sich ein sinnvoller Satz ergibt.

Horizontales

1 *Entristecer* a alguien es fácil; lo difícil es _______________le la vida.
5 Cuando te *mojes* el pelo en invierno, _______________telo enseguida.
7 *Trabaja* de lunes a viernes. Los fines de semana _______________ .
9 El niño todavía no sabe _______________ los cordones, pero ya sabe *desatárselos*.
11 Este mes hemos *gastado* todo el sueldo. No hemos podido _______________ ni 1 €.
12 Ellos *ganaron*; eso significa que vosotros _______________ .
14 La vida es así: hay un tiempo para reír y un tiempo para _______________ .
15 *Amar* es a veces doloroso. _______________ es siempre una pasión inútil.

Verticales

2 _______________ muchos proyectos, sí; pero no *termina* ninguno.
3 Mi padre, por desgracia, *ha muerto*; pero mi madre _______________ todavía.
4 ¿Qué gasta más energía? ¿ _______________ el agua a 100° C o *enfriar*la a 0° C?
6 ¿Le *has preguntado*? – Sí, pero no quiere _______________ me.
8 Está claro: si comes más de lo que consumes, *engordas*; si consumes más de lo que comes, _______________ .
10 ¡No quiero estar _______________ todo el día lo que vosotras *manchéis*!
13 Aquí se trabaja a turnos: cuando unos obreros *salen*, _______________ otros.

entristecer *(-zc-)*	traurig machen
mojar	nass machen
los cordones	die Schnürsenkel
desatar	losbinden
gastar	*hier* verbrauchen
el sueldo	das Gehalt
doloroso	schmerzhaft
la pasión	die Leidenschaft
consumir	verbrauchen
engordar	zunehmen
manchar	schmutzig machen
el turno	die Schicht
el obrero	der Arbeiter

100 Ein Wort mit vielen Funktionen: *se*

Das spanische Wörtchen *se* wird u.a. in folgenden Kontexten verwendet:

- bei einem reflexiven Verb („sich selbst“ oder „sich gegenseitig“):
  Se peina y se pinta. — Sie kämmt und schminkt sich. (sich selbst)
  No se saludaron. — Sie haben sich nicht gegrüßt. (sich gegenseitig)
- als indirektes Objektpronomen:
  Se lo dijo. — Er hat es ihr gesagt.
- in unpersönlichen Konstruktionen, entsprechend dem deutschen „man“:
  Aquí se come muy bien. — Hier isst man sehr gut.
- beim *pasiva refleja* (wird oft auch mit „man“ übersetzt):
  En Brasil se cultiva café. — In Brasilien wird Kaffee angebaut. (… baut man … an)
  En España se cultivan naranjas. — In Spanien werden Orangen angebaut. (… baut man … an)

Verbinden Sie jeweils die linke und die rechte Spalte zu sinnvollen Sätzen und geben Sie die Funktion von *se* an.

a	A causa de la lluvia	1	se llama Felipe. (se = reflexives Verb)
b	¿Se vive bien (se = ____________)	2	apasionadas cartas de amor.
c	Se ha roto una pierna (se = ____________)	3	mucho.
d	Mi mejor amigo	4	se suspendió el partido. (se = ____________)
e	Teresa y Jorge se escriben (se = ____________)	5	este solar.
f	Marisa se cuida (se = ____________)	6	jugando al fútbol.
g	Mi pobre madre ya casi	7	no se acuerda de nada. (se = ____________)
h	Todas las mañanas	8	se prepara un café con leche a las seis. (se = ____________)

i	Esto no se lo digas (se = ______________)	9	muchos accidentes.
j	Se vende (se = ______________)	10	las campanas.
k	La niña se ha dormido (se = ______________)	11	en Alicante?
l	Desde aquí no se oyen (se = ______________)	12	hace apenas unos minutos.
m	En esta carretera se producen (se = ______________)	13	a nadie.

producirse	*hier* sich ereignen
apasionado	leidenschaftlich
suspender	abbrechen
el partido	das (Fußball-)Spiel
el solar	der Bauplatz
la campana	die Glocke

11

101 Alle reden vom Wetter ...

Wenn Sie auch über das Wetter reden möchten, können die allgemeinen Ausdrücke in dem unten folgenden Wetterbericht nützlich sein. Übrigens: Wettervorhersagen werden im Spanischen mit dem Futur I ausgedrückt.

Vervollständigen Sie den Wetterbericht mit den passenden Ausdrücken.

llover máxima precipitaciones en la costa Atlántico cielos nevará oeste chubascos sol bajo cero mínima lluvia temperaturas descenso viento nubosos

Viernes, 16 de enero
Esta es la predicción del tiempo para mañana en nuestro país.

Una profunda borrasca procedente del ________________ atravesará de este a ________________ la zona norte del país. El ________________ soplará en Galicia con rachas superiores a los 85 km/h y vendrá acompañado de precipitaciones en forma de ________________ , que podrán ser intensas ________________ gallega.
El riesgo de ________________ tormentosos se extenderá a todo el litoral cantábrico y a las dos mesetas. Podrá ________________ en Asturias, Cantabria y País Vasco, así como en zonas del interior, con cielos en todo caso muy ________________ .
En el Pirineo oriental, Navarra y norte de Aragón, ________________ a partir de los 300 metros. En el Levante y sur de la Península, sin embargo, los ________________ estarán poco cubiertos o despejados.
En Baleares no se esperan tampoco ________________ .
Habrá un ________________ generalizado de las ________________ , excepto en Andalucía, donde lucirá el ________________ , y Canarias, donde se alcanzará una ________________ de 22° C y una ________________ de 14° C. La temperatura más baja se registrará en Teruel, con siete grados ________________ (–7° C).

las precipitaciones	die Niederschläge
el chubasco	der (Regen-)Schauer
el descenso	der Rückgang

nuboso	bewölkt
la predicción del tiempo	die Wettervorhersage
la profunda borrasca	das kräftige Tief
procedente	herkommend
atravesar *(-ie-)*	überqueren
soplar	wehen
la racha	die Bö
venir acompañado	begleitet werden
gallego	galicisch
tormentoso	stürmisch
el litoral	das Küstengebiet
la meseta	die Hochebene
oriental	westlich
cubierto	bedeckt
despejado	wolkenlos
lucir	scheinen

102 ... reden Sie mit! – Kleine Wetterkunde

Sonne, Sturm und Regen – ein Blick auf den Wetterbericht reicht aus, um zu wissen, ob man am nächsten Tag die Badesachen oder doch lieber den Regenschirm mitnimmt.

Übersetzen Sie die deutschen Wendungen für das Wetter.

a Die Sonne scheint. __________

b Es ist windig. __________

c Es ist kalt. __________

d Es ist warm. __________

e Es ist neblig. __________

f Es regnet. __________

g Es schneit. __________

h Es ist bewölkt. __________

i Es ist wolkenlos. __________

j Es gibt Gewitter. __________

nuboso	bewölkt
despejado	wolkenlos
la tormenta	das Gewitter
la niebla	der Nebel

103 Darf ich, soll ich oder muss ich?

Für die deutschen Verben „dürfen“, „sollen“ und „müssen“ gibt es im Spanischen verschiedene Übersetzungsmöglichkeiten, je nachdem, in welcher Situation sie gebraucht werden.
So kann „dürfen“ z. B. mit *poder, permitir* oder mit *se* + Verb in der 3. Person (*Aquí no se fuma.* → Hier darf man nicht rauchen.) übersetzt werden.
Für „sollen“ kann man *deber* oder einfach das Präsens (*¿Te ayudo?* → Soll ich dir helfen?) oder den *subjuntivo* (*Dile que me llame.* → Sag ihm, dass er mich anrufen soll.) verwenden.
Und für „müssen“ kann man u. a. ebenfalls *deber* nehmen oder *tener que*, *es necesario que* und *hay que*. (*Hay que ahorrar energía.* → Man muss Energie sparen.)
Diese und einige weitere Wendungen lernen Sie in den folgenden Übungssätzen kennen.

Ordnen Sie die deutschen Sätze den spanischen Entsprechungen zu. Vervollständigen Sie dann die spanischen Sätze mit dem passenden Ausdruck.

debo   tiene que (2×)   traigo   puede   se permite   quieres   pueden
debe   hay que (2×)   me permite   puedo   está permitido

a	In dieser Straße dürfen nur Anwohner parken.	1	El médico le ha dicho que ________ dejar de fumar.
b	Darf ich Ihren Koffer tragen?	2	No sé cómo ________ ayudarte.
c	Der Arzt hat ihm gesagt, dass er aufhören soll zu rauchen.	3	________ tener cuidado de no herirse.

d	Nur der Geschäftsführer darf Verträge unterschreiben.	4	En los aviones no ______ usar el móvil.
e	Ich weiß nicht, wie ich dir helfen soll.	5	¿Se ______ fumar aquí?
f	In Flugzeugen darf man kein Handy benutzen.	6	¿Cuándo ______ usted ______ estar en Cádiz?
g	Man muss aufpassen, dass man sich nicht verletzt.	7	______ tomar usted tres píldoras al día: al desayuno, a la comida y a la cena.
h	Darf ich die Fenster schließen?	8	Solo al gerente le ______ firmar contratos.
i	Wann müssen Sie in Cádiz sein?	9	¿ ______ cerrar las ventanas?
j	Was darf ich Ihnen bringen?	10	¿Qué les ______ ?
k	Soll ich dir einen Kaffee machen?	11	En esta calle solo ______ aparcar los residentes.
l	Wie oft muss man diese Pflanze gießen?	12	¿ ______ que le lleve la maleta?
m	Sie müssen drei Tabletten täglich nehmen: beim Frühstück, beim Mittagessen und beim Abendessen.	13	¿ ______ que te prepare un café?
n	Darf man hier rauchen?	14	¿Con qué frecuencia ______ regar esta planta?

el residente	der Anwohner
el gerente	der Geschäftsführer
regar *(-ie-)*	gießen
la píldora	die Tablette

104 Präpositionen querbeet von A bis Z

In einigen der vorhergehenden Übungen (Nr. 7, 17, 19, 32, 41, 72 und 89) hatten Sie schon Gelegenheit, verschiedene Präpositionen zu üben. Auch in dieser Übung geht es noch einmal um Präpositionen, dieses Mal „querbeet".

Vervollständigen Sie die Sätze mit der passenden Präposition (nicht vergessen: *a + el = al / de + el = del*).

a Los sábados la farmacia está abierta ________ nueve ________ una.

b ¡Adiós, yo me voy ________ casa!

c La fiesta se celebró ________ finales ________ agosto.

d Volveré ________ cinco minutos.

e La comida está lista. ________ favor, llama ________ los niños.

f Se habla mucho ________ este asunto.

g Esta empresa tiene varios puntos ________ venta en España.

h ________ favor, vete ________ el jardín ________ leña ________ la estufa.

i ¿________ qué saben estos caramelos? – ________ mí me saben ________ miel.

j ¡Ricardo, ________ favor, empieza ________ hacer los deberes!

k Llegamos ________ Santiago ________ las tres ________ la mañana.

l ¿Sabes jugar ________ las cartas? ¿Y ________ el ajedrez?

m ¿________ cómo están los créditos hipotecarios en España?

n ¿________ verdad te da miedo montar ________ caballo?

o Es duro estar ________ empleo y tener que vivir casi ________ dinero.

p Nunca le echo ________ el café ni azúcar ni leche. Lo prefiero ________ nada.

q ________ fortuna estábamos allí ______ ayudarla.

r Alicia, ¿qué te parece ir _________ compras el sábado _________ (yo)?

s La boda _________ mi prima será _________ mayo.

t Nos mandó los documentos _________ un mensajero.

u _________ el aeropuerto _________ el centro son 12 kilómetros.

v Gana más _________ 5000 euros _________ el mes.

w _________ Luisa le encanta el cocido _________ la madrileña.

x ¿ _________ qué te huele esta colonia? – _________ mí me huele _________ jazmín.

y He estado una semana entera _________ cama, _________ fiebre.

z Lo organizamos todo _________ sus deseos.

la leña	das Brennholz
la estufa	der Ofen
el caramelo	das Bonbon
la miel	der Honig
el crédito hipotecario	der Hypothekenkredit
echar	*hier* hineintun
el mensajero	der Kurier
el cocido	*spanisches Eintopfgericht*
la colonia	das Parfum
entero	ganz

105 *Dijo que …* – indirekte Fallen

Bei der Umformung einer direkten Aussage, Frage oder Aufforderung in eine indirekte ist zu beachten, dass Subjekte und Objekte, aber auch Possessiva, Demonstrativa und Ortsangaben sowie die Verben *ir / venir* und *llevar / traer* angepasst werden müssen:

*"¿Puedes **venir** a **mi** casa?"* → *Me pregunta si puedo **ir** a **su** casa.*

Im Umgang mit den Zeiten ist Folgendes zu beachten:
Steht das einleitende Verb im Präsens oder Perfekt mit Bezug zur Gegenwart, ist die Zeit in der direkten und in der indirekten Rede gleich.
Wird die indirekte Rede durch ein Verb in einer Vergangenheitsform (*indefinido*, Perfekt, Imperfekt, Plusquamperfekt) eingeleitet, ändern sich die Zeiten nach folgendem Schema:

direkte Rede	→	**indirekte Rede**
Präsens (Indikativ / *subjuntivo*)	→	Imperfekt (Indikativ / *subjuntivo*)
Perfekt	→	Plusquamperfekt
indefinido	→	Plusquamperfekt
Futur I	→	Konditional I
Imperfekt (Indikativ / *subjuntivo*), Plusquamperfekt, Konditional II	→	keine Änderung

Geben Sie die deutschen Wendungen in Klammern auf Spanisch an und beenden Sie den Satz in der indirekten Rede.

a “Lo siento, no puedo ir a tu fiesta.”
→ (Er sagt) ___*Dice*___ que lo ___*siente*___ que no ___*puede*___ ___*venir*___ a ___*mi*___ fiesta.

b “El domingo volveré tarde.”
→ (Er hat uns informiert) ______ de que el domingo ______ tarde.

c “Estos muebles los compré en Segovia.”
→ (Sie hat mir versichert) ______ que ______ muebles los ______ en Segovia.

d “Nos habría encantado vivir cerca de nuestra hija.”
→ (Sie haben erwähnt) ______ que ______ ______ vivir cerca de ______ hija.

e “Si tuviéramos dinero nos compraríamos una casa en la Costa Blanca.”
→ (Sie sagten) ______ que si ______ dinero ______ ______ una casa en la Costa Blanca.

f "Cuando yo era pequeño no había TV."
→ (Er erzählt) ______________ que cuando ________ ________ pequeño no ________ TV.

g "Si hubierais salido a las ocho habríais llegado a tiempo."
→ (Er bemerkte) ______________ que si ______________ a las ocho ______________ a tiempo.

h "¡Lava el coche!"
→ (Er bat mich) ______________ que ______________ el coche.

i "¿Cuánto dinero os queda todavía?"
→ (Sie fragte uns) ______________ cuánto dinero ________ ______________ todavía.

j "En 1983, mi hermano subió al Kilimanjaro."
→ (Er hat mir geantwortet) ______________ que en 1983 ________ hermano ______________ al Kilimanjaro.

k "¡Llamad cuando lleguéis a Londres!"
→ (Sie bittet uns) ______________ que ______________ cuando ______________ a Londres.

l "No voy a ir a Dublín contigo."
→ (Sie hat mir angekündigt) ______________ de que no ______________ a Dublín ______________.

asegurar	versichern
mencionar	erwähnen
pedir *(-i-)*	bitten
avisar	ankündigen

106 Wortschatz im Kontext: *Una reclamación*

Nun zeigen wir Ihnen, wie Sie auf Spanisch eine Beschwerde, z. B. weil in Ihrem Hotel ein paar Dinge nicht funktionieren, anbringen können.

Bringen Sie das folgende Gespräch zwischen einem Hotelgast und der Empfangsdame in die richige Reihenfolge.

☐ Me llamo Francisco Martínez y tengo la 329, al fondo del pasillo.

☐ 1 Recepción. Buenas tardes. Dígame, ¿en qué puedo ayudarle?

☐ Perdón, ¿qué habitación tiene usted y cuál es su nombre?

☐ Gracias. Es que jamás en mi vida me han ocurrido cosas así en un hotel de cuatro estrellas.

☐ Mire usted, señora, el problema es que yo pagué una habitación con vistas al mar y lo que veo desde mi ventana son las cocinas del hotel; que contraté unos servicios de conexión a internet y en la 329 solo hay un teléfono que ni siquiera funciona bien. Además el baño deja también mucho que desear: no hay agua caliente y la fría sale helada.

☐ Le reitero mis disculpas, señor Martínez, y le aseguro que antes de diez minutos se habrá resuelto todo a su plena satisfacción.

☐ No sabe cuánto lo lamento, señor Martínez. Le ruego nos disculpe, se trata sin duda de un despiste por parte nuestra, perdone, se lo ruego. Inmediatamente pondremos a su disposición otra habitación.

☐ Buenas tardes. Pues mire usted, son varias las cosas en que puede ayudarme ...

☐ ¿Cuál es el problema, señor Martínez?

Una habitación con vistas al mar …

Und hier noch weitere mögliche Beschwerden. Übersetzen Sie.

a Die Heizung funktioniert nicht.
b Eine Glühbirne ist durchgebrannt.
c Eine Glühbirne fehlt.
d Die Handtücher sind nicht gewechselt worden.
e Das Zimmer ist nicht geputzt worden.
f Die Betten sind nicht gemacht worden.
g Das Fenster lässt sich nicht richtig schließen.
h Man hört sämtlichen Straßenlärm.
i Eine Armbanduhr, die ich auf dem Nachttisch liegen hatte, ist verschwunden.

al fondo	am Ende
el pasillo	der Flur
contratar	*hier* buchen
helado	eiskalt
reiterar	wiederholen
el despiste	das Versehen
por parte nuestra	unsererseits
la calefacción	die Heizung
la bombilla	die Glühbirne
fundido	durchgebrannt
faltar	fehlen
la toalla	das Handtuch
el ruido de la calle	der Straßenlärm
el reloj de pulsera	die Armbanduhr
la mesita de noche	der Nachttisch

107 Ich freu mich drauf!

Welches Verb man im Spanischen für „sich freuen“ verwendet, hängt davon ab, ob man sich „über“ oder „auf“ etwas freut:

- „sich über etwas freuen“ → *alegrarse de que* + *subjuntivo*:
  Me alegro de que hayas venido. — Ich freue mich, dass du gekommen bist.
- „sich auf etwas freuen“ → *esperar algo con ilusión / con impaciencia, tener ilusión de*:
  Esperan con ilusión ir al zoo. / Tienen la ilusión de ir al zoo. — Sie freuen sich darauf, in den Zoo zu gehen.
- „es freut (z. B. mich)“ → *me alegra / me hace ilusión que* + *subjuntivo*:
  Me alegra que ya no esté enferma. — Es freut mich, dass sie nicht mehr krank ist.
- Andere Wendungen, mit denen man Freude zum Ausdruck bringt:
  ¡Qué alegría! — Was für eine Freude!
  ¡Cuánto me alegro! — Wie ich mich freue!
  Encantado/-a de conocerlo. — Es freut mich, Sie kennenzulernen.
  Ha sido un placer. — Es hat mich gefreut.

Vervollständigen Sie die Sätze mit dem jeweils passenden Ausdruck.

me alegro (2×) te alegras ha sido un placer alegrado alegría
mucha ilusión (3×) me alegró esperábamos con impaciencia
con impaciencia alegrarnos se alegran

a ______________________ de que me hayas hecho caso y hayas asistido a la ceremonia.
b Nos hizo ______________________ volver a Malta, adonde habíamos ido de viaje de novios.
c ¿No ______________________ de que mañana empiecen las vacaciones?
d Esperamos ______________________ el momento en que volvamos a vernos.
e ¡Qué ______________________ más grande: en abril viene mi novio!
f ______________________ mucho saber que yo no era el único que pensaba así.
g Todos los padres de este mundo ______________________ de los éxitos de sus hijos.
h De niños ______________________ la llegada de la Navidad.
i ______________________ para nosotros contar con su presencia en este acto, señor Presidente.
j Nos hubiera ______________________ muchísimo poder acoger al niño en nuestra casa.
k Nos hace ______________________ que nuestra hija sea la solista del coro.
l Después de todo, tenemos que ______________________ de que el accidente no haya tenido peores consecuencias.
m A mi hermano le haría ______________________ que el entrenador de la selección de fútbol le firmase un autógrafo.
n Laura, ¡cuánto ______________________ de que hayas sacado la plaza de fisioterapeuta!

hacer caso a alguien	auf jdn hören
el viaje de novios	die Hochzeitsreise
acoger	aufnehmen
el autógrafo	das Autogramm

108 Guter Rat ist nicht immer teuer.

In dieser Übung lernen Sie verschiedene Wendungen kennen, mit denen Sie Ihrem Gesprächspartner Ratschläge erteilen können – bei gesundheitlichen Problemen, aber auch in anderen Situationen.

Verbinden Sie die Sätze der linken und rechten Spalte zu sinnvollen Ratschlägen. Beantworten Sie im Anschluss die Fragen zum Thema „Ratschläge erteilen".

a Si trabajo mucho en el jardín, al final tengo siempre fuertes dolores de espalda.
b Llevo una temporada que cuando leo más de media hora seguida me duele la cabeza.
c ¿Conoces algún remedio eficaz contra la tos y el catarro?
d El sábado pasado dimos una vuelta de 50 km en bici y ahora tengo unas agujetas terribles.
e Cuando me desperté esta mañana estaba como si me hubieran molido a palos. Me pasé casi toda la noche sin pegar ojo.
f Últimamente tengo a menudo fuertes dolores de cabeza. Pero no quiero estar tomando siempre pastillas.
g Dudo entre vender ahora la casa o esperar a que pase la crisis.
h A cada paso que da, la rodilla le duele tanto que casi no puede andar.
i Hace semanas que me siento completamente hecho polvo.

1 ¿Has probado alguna vez con el té *"Buenas Noches"*?
2 ¿Por qué no se opera de una vez?
3 Yo en tu lugar iría al médico para que me recetase algunas sesiones de acupuntura contra la migraña.
4 Yo creo que eso es la vista. Deberías ir al oculista.
5 Te aconsejo que para los trabajos duros contrates a un jardinero.
6 Sí, tómate todas las noches un vaso de leche caliente con miel, inhala mentol y duerme mucho.
7 Yo que tú esperaría a que los precios se estabilizaran.
8 Yo en tu lugar me cogería un par de días de vacaciones.
9 Te recomiendo que hagas ejercicio con más regularidad.

Welche Wörter der in der Übung vorkommenden Sätze haben die Bedeutung von „raten“ bzw. „empfehlen“?

Wie drückt man im Spanischen „ich an deiner Stelle“ aus?

In welchem Modus und welcher Zeitform werden Ratschläge im Spanischen erteilt? Welche Wörter befinden sich im Text?

media hora seguida	eine halbe Stunde ohne Unterbrechung
la vuelta en bici	die Radtour
las agujetas	der Muskelkater
si me hubieran molido a palos	wie zerschlagen
sentirse *(-ie-)* hecho polvo	sich völlig erschöpft fühlen
la migraña	die Migräne
el oculista	der Augenarzt
contratar	*hier* beauftragen

109 *Como dos gotas de agua.* – Redewendungen II

In dieser Übung haben Sie nun die Möglichkeit, Ihr Repertoire an Redewendungen, die Sie bereits in Übung 65 kennen gelernt haben, zu erweitern. Wenn Sie sie zum Einsatz bringen, werden Ihre spanischen Gesprächspartner sicherlich überrascht und begeistert sein.

11

Vervollständigen Sie die spanischen Redewendungen mit dem jeweils passenden Wort aus der Liste.

palma de la mano pez churros esponja ardilla pared
palillo zorro castañuelas ostra torre mula chimenea
loro flan tronco pavo caído

a delgado como un ____________
b alto como una ____________
c beber como una ____________
d temblar como un ____________
e ponerse blanco como la ____________
f repetir como un ____________
g orgulloso como un ____________
h aburrirse como una ____________
i conocer algo como la ____________
j fumar como una ____________
k astuto como un ____________
l ágil como una ____________
m sentirse como ____________ en el agua
n terco como una ____________
o venir algo como ____________ del cielo
p dormir como un ____________
q estar alegre como unas ____________
r venderse algo como ____________

Geben Sie nun jeweils den Buchstaben der Redewendung neben ihrer deutschen Entsprechung an.

- q quietschvergnügt sein
- ☐ flink wie ein Wiesel
- ☐ schlau wie ein Fuchs
- ☐ sich pudelwohl fühlen
- ☐ weggehen wie warme Semmeln
- ☐ wie ein Geschenk des Himmels
- ☐ riesengroß
- ☐ stolz wie ein Pfau
- ☐ etwas wie seine eigene Westentasche kennen
- ☐ saufen wie ein Loch
- ☐ schlafen wie ein Murmeltier
- ☐ wie Espenlaub zittern
- ☐ nachplappern wie ein Papagei
- ☐ kreidebleich werden

sich zu Tode langweilen

rauchen wie ein Schlot

dünn wie eine Bohnenstange

störrisch wie ein Esel

parecerse como dos gotas de agua	sich wie ein Ei dem anderen gleichen
los churros	*in Öl ausgebackene Teigkringel*
la esponja	der Schwamm
la ardilla	das Eichhörnchen
el palillo	der Zahnstocher
el zorro	der Fuchs
la ostra	die Auster
la mula	das Maultier
la chimenea	der Kamin
el flan	der Karamellpudding
el tronco	der Baumstamm
el pavo	der Truthahn, der Puter
el pavo real	der Pfau
temblar ***(-ie-)***	zittern
astuto	schlau, gewitzt
ágil	flink
terco	starrköpfig

110 *¿Qué sabe usted de España?*

Wie schon in Übung 1 – und übrigens auch in Übung 130 – geht es jetzt um spanische Landeskunde.

Tragen Sie die gesuchten Begriffe in das *crucigrama* ein. Der Wörterkasten kann Ihnen weiterhelfen, aber Achtung: Sie müssen die Wort- bzw. Namensteile noch richtig zusammensetzen!

Penélope – visi – tiago – Cervan – Prado – E – Cana – ca – Miguel – Valen – co – corri – Indurain – Fermín – godos – San – rias – Alham – neos – La – Rioja – bro – Tei – Piri – tur – bra – da – vas – cia – San – rón – san – de – tes – la – Cruz – El – Ávi – Lor – gría

Horizontales

2 Pico más alto de España (3.718 metros, en la isla de Tenerife).
5 Región española famosa por sus excelentes vinos.
6 Poeta granadino asesinado durante la guerra civil.
8 Fiesta en que la gente corre delante de toros de 600 kilos.
10 Autor de *El Quijote*.
13 Pueblo que conquistó la Peninsula Ibérica en el siglo V.
14 Lengua hablada en España desde hace más de 4.000 años.
15 Ciudad gallega a la que conduce un Camino del mismo nombre.
16 Palacio y fortaleza musulmana en Granada.
17 Ciclista navarro ganador de cinco Tours de Francia.
18 Ciudad famosa por sus murallas.

Verticales

1 Río más largo de España.
2 Dulce típico de Navidad.
3 Es una de las pinacotecas más importantes del mundo.
4 Espectáculo en el que se lidian varios toros bravos.
7 Actriz madrileña ganadora de un Óscar.
9 Bebida de verano hecha con vino tinto, limonada y frutas.
11 Islas españolas a más de 2000 km de Madrid.
12 Cordillera que separa España de Francia.
14 Ciudad capital de la paella.

granadino	aus Granada
gallego	galicisch
lidiar	kämpfen

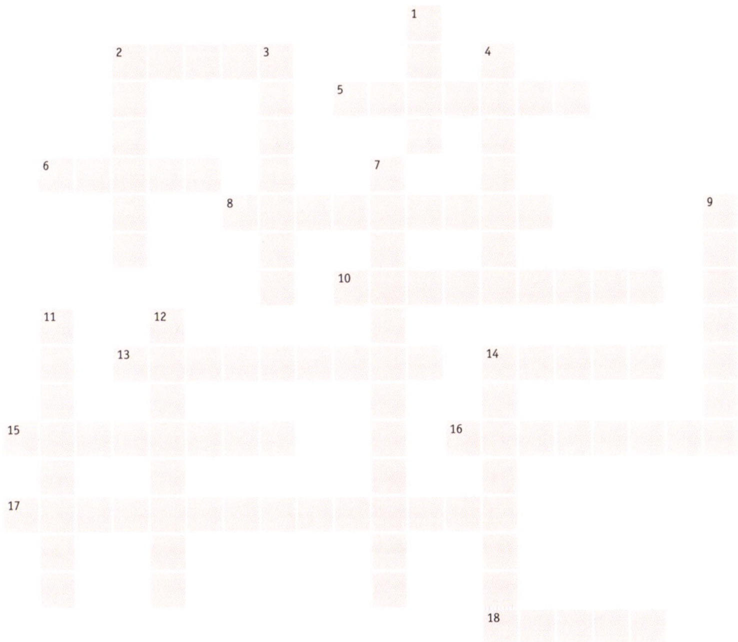

111 Umgangssprachliches

Wollen Sie Ihre spanischen Gesprächspartner beeindrucken? Das gelingt Ihnen sicherlich am besten, wenn Sie die richtige umgangssprachliche Wendung in der richtigen Situation anwenden. Nachfolgend können Sie ein wenig üben.

Wählen Sie aus den drei Möglichkeiten diejenige aus, die dem fett gedruckten Ausdruck entspricht.

a ¡Vas a romper el taladro, quita, **eres un manazas**, déjame a mí!
- ☐ eres muy trabajador
- ☐ tienes las manos muy grandes
- ☐ eres muy torpe

b En casa de los padres de mi novia **quien corta el bacalao** es la madre.
- ☐ quien hace la comida
- ☐ quien manda y dirige todo
- ☐ quien trabaja

c Loli era **el ojito derecho** del profesor.
- ☐ era la alumna preferida
- ☐ tenía los ojos como los del profesor
- ☐ estaba enamorada del profesor

d Cuando yo la conocí, Maruja tenía ya **patas de gallo**.
- ☐ tenía las piernas muy delgadas
- ☐ tenía arrugas en torno a los ojos
- ☐ criaba gallos y gallinas

e De todos los amigos, quien **pagó el pato** fue Andrés.
- ☐ pagó la cuenta del restaurante
- ☐ sobre quien recayó toda la responsabilidad
- ☐ pagó un pato que los amigos querían comprar

f Ana **está** siempre **en la luna.**

- ☐ está de viaje
- ☐ está enamorada
- ☐ es muy despistada

g Después, la familia se quedó **a dos velas.**

- ☐ sin recursos
- ☐ con dos velas para alumbrarse
- ☐ sola

h No haces más que **meter la pata.**

- ☐ ser indiscreto
- ☐ tropezar al caminar
- ☐ imponer tu criterio

i No nos vemos mucho, porque ellos viven **en el quinto pino.**

- ☐ en una urbanización de lujo
- ☐ en el 5° piso de una casa muy alta
- ☐ muy lejos, en un lugar apartado

j Ayer me **tomaron el pelo.**

- ☐ me cortaron el pelo
- ☐ se rieron de mí
- ☐ me peinaron en la peluquería

k Durante el tiempo que viví allí **las pasé negras.**

- ☐ lo pasé mal
- ☐ dormí poco por la noche
- ☐ salí con chicas negras

l Cuando recibió la noticia **se subía por las paredes.**

- ☐ se alegró mucho
- ☐ saltaba de alegría
- ☐ se irritó mucho

Ordnen Sie nun den spanischen Wendungen ihre deutschen Entsprechungen zu.

- [f] nicht bei der Sache sein
- [ ] Krähenfüße haben
- [ ] vom Pech verfolgt sein
- [ ] den Ton angeben
- [ ] die Wände hochgehen
- [ ] jemanden auf den Arm nehmen
- [ ] zwei linke Hände haben
- [ ] ins Fettnäpfchen treten
- [ ] pleite sein
- [ ] sehr weit weg wohnen
- [ ] der Liebling sein
- [ ] etwas ausbaden müssen

el taladro	der Bohrer
quita	*hier* lass los
la manaza	die Pranke
torpe	*hier* ungeschickt
el bacalao	der Kabeljau
la arruga	die Falte *(im Gesicht)*
criar	züchten
el pato	die Ente
recaer sobre alguien	jdm zufallen
despistado	zerstreut
la vela	die Kerze
el recurso	das Mittel
alumbrar	leuchten
tropezar *(-ie-)*	stolpern
imponer	auferlegen
el criterio	*hier* die Meinung
apartado	abgelegen
irritarse	sich aufregen

112 Von der *oferta de trabajo* ...

Eine Möglichkeit, einen neuen Arbeitsplatz zu finden, ist der Stellenmarkt einer Tageszeitung. In dieser Übung lernen Sie einige geläufige Begriffe und Wendungen rund um den spanischen Stellenmarkt kennen.

Ergänzen Sie den Dialog mit den jeweils richtigen Begriffen.

requisitos salario oferta contrato secretaria experiencia mínima entrevista sector fluidos contactos internacionales de prueba organice programas de Office currículo labores de coordinación

Nieves (■) y Virginia (●) son dos amigas secretarias en paro que están buscando trabajo en los anuncios de un periódico.

■ ¿Qué te parece esta ______________ ?

"***La cátedra de Traumatología de la Facultad de Medicina de la Universidad Complutense de Madrid***
busca una ______________ especializada en temas médicos
que se ocupe de los ______________
con los Centros de Investigación que trabajan con esta Universidad,
que ______________ los congresos del ______________
que le vengan encomendados y que asuma las ______________
y dirección de otras secretarias a su cargo."

● Sí, eso me interesaría... ¿Cuáles son los ______________ ?

■ ______________ de 2 años como secretaria de alguna institución médica, inglés, francés y alemán ______________ – orales y escritos –, taquigrafía, manejo de los ______________ ... Habrá además una ________ previa ...

● ¿Cuánto pagan?

■ ______________ : 1.100 € durante los 6 meses ______________ y un sueldo inicial de 1.800 € mensuales si al cabo del medio año deciden renovarte el ______________ .

● Me interesa mucho, pero mi alemán deja mucho que desear ...

■ Sí, es cierto, pero yo presentaría de todas formas el ______________ . Seguro que tras la entrevista personal lo tienes todo mucho más fácil, aunque no hables como Goethe ...

la oferta de trabajo	das Stellenangebot
el requisito	die Anforderung
la entrevista	das Vorstellungsgespräch
el periodo de prueba	die Probezeit

el currículo *(CV = Currículum Vitae)*	der Lebenslauf
la cátedra	der Lehrstuhl
encomendado	anvertraut
a su cargo	in ihrer Verantwortung
la taquigrafía	die Stenografie
renovar *(-ue-)*	*hier* verlängern

113 … zur *carta de empleo*

In dieser Übung geht es nun um Virginias Bewerbungsschreiben auf das Stellenangebot für eine Sekretärin an der Medizinischen Fakultät der Universität Madrid (vgl. Übung 112).

Bringen Sie das Bewerbungsschreiben in die richtige Reihenfolge.

☐ Adjunto le remito, por tanto, mi CV, que someto a su experta consideración, al tiempo que le manifiesto mi interés por participar en los procesos de selección que la cátedra de Traumatología establezca.

☐ Creo, sin embargo, que esta actual limitación lingüística podrá ser subsanada en breve y, en todo caso, la encontrará usted ampliamente compensada por mi larga experiencia laboral, mi capacidad de trabajo y mi competencia profesional, como tendrán ocasión de comprobar los miembros del Comité de Selección si tienen ustedes la gentileza de convocarme a una entrevista personal.

☐ Dr. D. Augusto Vallejo de Nora
Jefe del Departamento de Traumatología
Facultad de Medicina - UCM
Avda. Complutense s/n
28040 - MADRID

☐ Distinguido Dr. Vallejo:

☐ 1 Virginia Naranjo Castillo
C/ Rosales Altos, 23
CP 28010 Madrid
Tfno.: 91 600 00 00 00
email: virgi@allmail.com

☐ He tenido conocimiento de la oferta de trabajo que la cátedra que usted dirige ha publicado en las páginas de "El Mundo" y quisiera por la presente presentar mi candidatura para el puesto de Secretaria que buscan.

☐ Atentamente,
Virginia Naranjo Castillo

☐ Como podrá ver con más detalle en mi currículo, además de titulada en Secretariado de Dirección, soy Diplomada en Gestión y Administración Pública y puedo acreditar más de tres años como secretaria especializada en temas médicos. Cumplo, si me permite la inmodestia, todos los requisitos que el puesto requiere, si no es el del dominio del alemán, lengua que sigo estudiando y en la que ya me defiendo discretamente.

☐ Madrid, 25 de marzo de 2009

☐ Agradeciéndole de antemano su atención, tengo el gusto de saludarlo

la carta de empleo	das Bewerbungsschreiben
adjunto	in der Anlage
someter	unterbreiten
el proceso de selección	das Auswahlverfahren
la cátedra	der Lehrstuhl
subsanar	wieder gutmachen
la gentileza	die Freundlichkeit
convocar	*hier* einladen

la entrevista	das Vorstellungsgespräch
Distinguido ...	Sehr geehrter ...
la candidatura	die Bewerbung
Atentamente	Mit freundlichen Grüßen
titulado	einen akademischen Grad haben
acreditar	*hier* aufweisen
la inmodestia	die Unbescheidenheit
los requisitos	die Anforderungen
el dominio	das Beherrschen
defenderse *(-ie-)*	*hier* zurechtkommen
discretamente	*hier* einigermaßen
de antemano	im Voraus

114 *¡He visto un ovni!* – Buchstaben mit Bedeutung

Es kann schwierig sein, Artikel in spanischen Zeitungen zu verstehen, wenn man die dort oft verwendeten Abkürzungen nicht kennt. Um Ihnen das Verständnis zu erleichtern, finden Sie in dieser Übung einige der gebräuchlichsten *siglas* (Abkürzungen).

Können Sie die folgenden Schlagzeilen verstehen? Wenn nicht, nehmen Sie diese Übung zu Hilfe.

a Un boleto de la **ONCE** hace millonario a un pastor de Huesca.
b Madrid se prepara para los **JJ.OO.** de 2016.
c Síntomas de recuperación en la **RFA**.
d Rusia y la **OTAN**, condenadas a entenderse.
e ¿Una **UE** más grande?
f **Sida**: el azote de África.
g Las oficinas del **INEM**, desbordadas.
h **SS. MM.** visitan Expo-Zaragoza 2008.
i El **FMI** ve tambalearse el sistema financiero mundial.
j Recuperar el **IVA** de lo comprado en España.
k Una **tac** de cráneo revela los secretos de las momias.
l La **OMS** alerta sobre el riesgo de epidemia de la gripe porcina.

Verbinden Sie nun die *sigla* und ihre vollständige Form. Geben Sie anschließend die deutsche Entsprechung an.

a	ONCE	1	República Federal de Alemania	______
b	JJ.OO.	2	Instituto Nacional de Empleo	______
c	RFA	3	Sus Majestades (Los reyes)	______
d	OTAN	4	Tomografía axial computerizada	______
e	UE	5	Organización Mundial de la Salud	______
f	sida	6	Organización del Tratado del Atlántico Norte	______
g	INEM	7	Impuesto sobre el Valor Añadido	______
h	SS.MM.	8	Síndrome de Inmunodeficiencia Adquirida	______
i	FMI	9	Unión Europea	______
j	IVA	10	Juegos Olímpicos	______
k	tac	11	Organización Nacional de Ciegos de España	______
l	OMS	12	Fondo Monetario Internacional	______

el ovni *(= el objeto volante no identificado)*	das UFO
el boleto	das Lotterielos
el pastor	der Schäfer
la recuperación	*hier* die wirtschaftliche Erholung
el azote	die Geißel
desbordar	überquellen
tambalearse	schwanken
recuperar	wiederbekommen
el cráneo	der Schädel
la momia	die Mumie
alertar	warnen
la gripe porcina	die Schweinegrippe
el valor añadido	der Mehrwert
la inmunodeficiencia	die Immunschwäche
ciego	blind
monetario	Währungs-

115 Das steht in den Sternen!

Ob Sie daran glauben oder nicht: Gelesen haben Sie Ihr Horoskop bestimmt schon einmal. Horoskope sind Vorhersagen und werden im Spanischen deshalb mit dem Futur I ausgedrückt. In dieser Übung erfahren Sie, was das nächste Jahr für jedes Sternkreiszeichen *(signo del zodíaco)* bringen wird.

Geben Sie die Sternkreiszeichen auf Spanisch an und vervollständigen Sie mit den passenden Verben.

alegrará atravesará cambiará cumplirá descubrirá empezará
estará ganarán guiará habrá hará mejorarán pasará
perderá recuperá reencontrará será tendrá traerá visitará

Horóscopo General para el próximo año

a  ___*Capricornio*___ A partir de abril ______________ a notar los efectos beneficiosos de Saturno. Su prudencia y su tenacidad se verán generosamente recompensadas. No sufra más: este ______________ un año extraordinario en todos los aspectos.

b  ______________ El año que viene ______________ lleno de agradables sorpresas. ______________ suerte en los negocios y aún más en el amor. Deberá, sin embargo, cuidar su estómago.

c  ______________ Sus capacidades artísticas encontrarán finalmente el eco que merecen. ______________ inicialmente algún dinero, pero lo ______________ con creces hacia finales de año.

d  ______________ Si es usted militar, tendrá ocasión de viajar lejos como miembro de una Fuerza de Paz. Si no lo es, seguramente ______________ de ciudad. En cualquier caso, no se preocupe, porque Marte velará por usted.

e  ______________ Como siempre, Venus ______________ sus pasos. Conocerá a una persona extranjera que al principio le ______________ sufrir mucho, pero su historia de amor tendrá un final feliz.

f ______ Este año se ______ su sueño de conocer París, porque la diosa Fortuna lo ______ a partir de agosto. Deberá, sin embargo, tener cuidado con la alimentación.

g ______ Usted ama la tranquilidad y el año que viene le ______ mucha: no ______ imprevistos desagradables, no se alterará de ningún modo su mundo, no deberá lamentar nada. Pero cuide sus ojos.

h ______ Es cierto que durante el próximo año ______ usted alguna dificultad económica, pero las estrellas están de su parte y, si no se desanima, a principios de septiembre verá que todo ha valido la pena.

i ______ Revisará usted su pasado y ______ ... ¡que le quedan muchas cosas por descubrir! En amor sufrirá un pequeña crisis. ______ , en cambio, sus condiciones laborales.

j ______ Realizará usted un viaje apasionado con la persona que ama. Consolidará su puesto de trabajo y ______ un año equilibrado. Pero atención a las alergias.

k ______ Se ______ usted con un amigo de la infancia al que hacía años no veía. No apueste mucho a los juegos de azar, porque perderá. ______ mucho, sin embargo, sus relaciones sentimentales.

l ______ En general será un año monótono ...hasta octubre, momento en que una extraordinaria sorpresa ______ su vida. Atención al colesterol.

recuperar	wiederbekommen
reencontrar ***(-ue-)***	wiedertreffen
la prudencia	die Vorsicht
la tenacidad	die Hartnäckigkeit
los negocios	die Geschäfte
con creces	reichhaltig
la Fuerza de Paz	die Friedenstruppe

Marte	(der Gott) Mars
velar por	wachen über
la diosa	die Göttin
lo imprevisto	das Unverhergesehene
lamentar	beklagen
estar en su parte	auf Ihrer Seite stehen
desanimarse	den Mut verlieren
valer la pena	die Mühe lohnen
revisar	überprüfen
apostar *(-ue-)*	wetten
el juego de azar	das Glücksspiel
sentimental	Gefühls-

116 *¡No me digas!* und andere Reaktionen

Eine Unterhaltung wird umso lebendiger, je aktiver sich die Gesprächspartner daran beteiligen, d.h. ob sie auf das Gesagte reagieren oder nur schweigsam zuhören. In den Dialogen dieser Übung lernen Sie verschiedene Wendungen kennen, mit denen Sie auf das, was Ihr Gesprächspartner sagt, gekonnt reagieren können.

Geben Sie die passende Reaktion an. In einigen Dialogen sind auch beide Wendungen möglich.

a ¿Sabes que a Sara le han tocado 120.000 € en la lotería?
☐ ¡Vaya por Dios! ☐ ¡Qué suerte!

b El sábado que viene nos entregan las llaves del piso.
☐ ¡Ya era hora! ☐ ¡Por fin!

c Cortando jamón me clavé el cuchillo en el brazo izquierdo.
☐ Se me ponen los pelos de punta... ☐ ¡Menos mal!

d Por poco no me he matado con el coche contra un camión.
☐ No te preocupes, otra vez será. ☐ ¡Gracias a Dios!

e Dicen que van a arreglarnos otra vez la calle.
☐ Ojalá. ☐ Estupendo.

f Me dijo que se sentía muy deprimida.
☐ ¡Vaya por Dios! ☐ ¡Qué envidia!

g Han nombrado a su padre Director de la Orquesta de RTV Española.
☐ ¡Qué lío! ☐ ¡Qué maravilla!

h ¡Voy a ser mamá!
☐ ¡No me digas! ☐ ¿De verdad?

i Hace tres meses me quedé sin trabajo.
☐ ¡Qué interesante! ☐ ¡Qué mala suerte!

j El día de mi cumpleaños siempre me regala una orquídea amazónica.
☐ ¡Qué bonito! ☐ ¡Qué barbaridad!

k El Ministerio va a permitir que los alumnos decidan cuándo examinarse.
☐ ¿Será posible? ☐ ¿Pero cómo...?

l Han condenado a 20 años a un traficante que ofrecía drogas a los niños.
☐ ¡Le está bien empleado! ☐ ¡Menos mal!

m Dicen que se han quemado más de 100 hectáreas de bosque.
☐ ¡Qué desastre! ☐ ¡Qué bien!

n Es una chica muy rebelde, se enfrenta a sus padres, a todo el mundo...
☐ Hay que ver... ☐ ¿Pero qué me dices?

o No sé cómo llegar a la oficina mañana: Los medios de transporte público están de huelga, tengo el coche en el taller, ...
☐ ¡Qué desastre! ☐ ¡Qué mala suerte!

clavar	hineinstoßen
Se me ponen los pelos de punta.	Ich bekomme eine Gänsehaut.
la envidia	der Neid
nombrar	ernennen
la Orquesta de RTV Española	*spanisches Rundfunk- und Fernsehorchester*
el traficante	der Drogenhändler
¡Le está bien empleado!	Das geschieht ihm ganz recht!
quemar	verbrennen

117 Aus bequem mach unbequem!

Durch die Vorsilbe „un-“ wird aus dem deutschen Adjektiv „bequem“ das Gegenteil „unbequem“. Auch im Spanischen gibt es eine Reihe von Vorsilben (Präfixe), durch die die Bedeutung eines Adjektivs gegenteilig wird, z. B. *dependiente* → ***in**dependiente, popular* → ***im**popular, resistible* → ***ir**resistible, legítimo* → ***i**legítimo, ordenado* → ***des**ordenado, social* → ***anti**social.*
Welche Vorsilbe für welches Adjektiv benutzt wird, ist reine Lernsache.

Bilden Sie aus je zwei Wortsegmenten Adjektive und ordnen Sie sie ihren deutschen Entsprechungen zu. Geben Sie dann mit dem entsprechenden Präfix das Gegenteil an.

ciente · lar · sario · pático · ciente · ~~agra~~ · favo · cono · per · tado · modo · sible · depor · limi · respon · po · ~~dable~~ · ca · gible · cor · rable · le · per · tivo · re · fecto · pa · tento · regu · có · cido · con · sonal · nece · sufi · to · aten · sable · quie · paz · to · tés · al · gal · sim · le

angenehm	*agradable*	*desagradable*
zufrieden		
notwendig		
höflich		
bekannt		
bequem		
wirklich		
fähig		
geduldig		
leserlich		
sportlich		
genügend		
persönlich		
verantwortlich		
günstig		
begrenzt		
sympathisch		
regelmäßig		
aufmerksam		
möglich		
gesetzmäßig		
vollkommen		
ruhig		

118 Tool und Link – aber bitte auf Spanisch!

Natürlich gibt es für die englischen Computerbegriffe „Tool" und „Link" deutsche Entsprechungen. In der Fach- und Umgangssprache werden sie im Allgemeinen aber nicht verwendet. Anders im Spanischen: Rund um den Computer sind hier noch viele „echte" spanische Begriffe im Einsatz.

Wie heißen die beschriebenen Begriffe auf Spanisch? Tragen Sie sie in das *crucigrama* ein.

Horizontales

3 Herramienta que permite buscar información en la red.
7 Persona que usa los servicios de la red.
8 Programa concebido para detectar y eliminar virus.
9 Persona que navega por internet.
10 Parte del ordenador donde aparecen las imágenes y los textos.
12 Código necesario para entrar en la red.
15 Herramienta que sirve para mover el cursor por la pantalla.
16 Documento que ofrece información en la red.
18 Disco interno, de gran capacidad donde se guardan archivos y programas.
19 Lugar donde se almacenan los mensajes del correo electrónico.

Verticales

1 Flecha que se mueve como indicador por la pantalla.
2 Símbolo utilizado en las direcciones de correo electrónico.
4 Conversación en Internet.
5 'Viajar' por Internet.
6 Cuota mensual fija por el uso de la red.
10 Ordenador que puede ser transportado con facilidad.
11 Lugar donde se guarda, ordenada, la información.
13 Referencia en una página web a otros documentos.
14 Conjunto de las teclas.
17 Aparato que convierte las señales digitales del ordenador en señales analógicas.

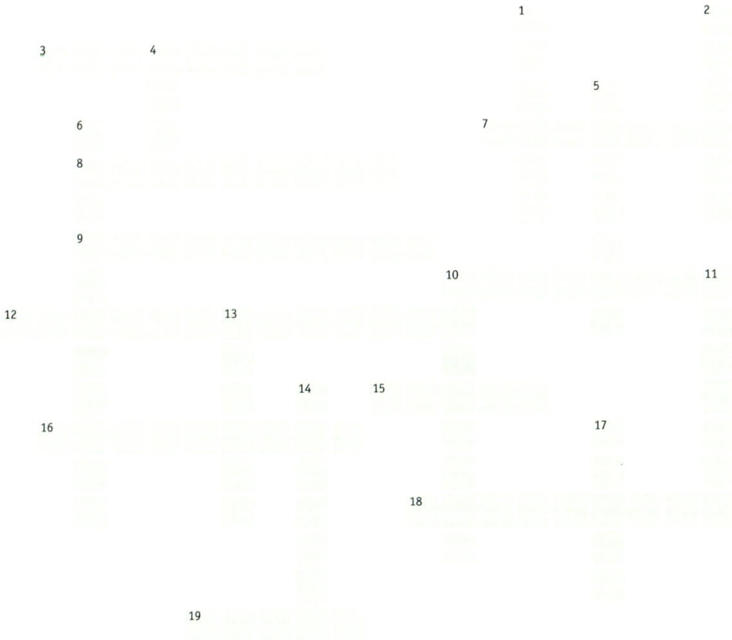

119 Wortschatz im Kontext: *Un correo*

Beim Schreiben einer E-Mail (auf Spanisch: *correo electrónico* oder kurz *correo* oder auch *email*) muss man mehrere Schritte in der richtigen Reihenfolge ausführen.

Nummerieren Sie die Schritte in der richtigen Reihenfolge und setzen Sie die Verben in den Klammern in den Imperativ für *tú*.

Claudia (●) se ha comprado un ordenador y le pide a Daniel (■) que le enseñe a enviar correos electrónicos.

● Daniel, querría pedirte un favor. Acabo de comprarme un ordenador y no tengo mucha idea. ¿Podrías enseñarme a enviar correos electrónicos?

■ Eso está hecho, no te preocupes, es facilísimo.

- ☐ (escribir) ______________ la dirección del destinatario.
- ☐ *1* (encender) ______________ el ordenador.
- ☐ (escribir) ______________ el texto del mensaje.
- ☐ (introducir) ______________ tu clave de acceso y conéctate a la red.
- ☐ (indicar) ______________ el asunto.
- ☐ (abrir) ______________ el programa del correo electrónico.
- ☐ (hacer) ______________ clic en "enviar".
- ☐ (hacer) ______________ clic en el icono "escribir correo".

Tu correo está enviado. ¿Fácil, no?

● ¿Y si quisiera adjuntar un archivo?

■ Para adjuntar un archivo

- ☐ (buscar) ______________ en "examinar",
- ☐ (hacer) ______________ clic en "enviar".
- ☐ (seleccionarlo) ______________ y (adjuntarlo) ______________ con otro clic;
- ☐ (seguir) ______________ la ruta del archivo que deseas,
- ☐ después (cerrar) ______________ la ventana.
- ☐ *a* (hacer) ______________ clic en "adjuntar",

Ya está. El correo y el archivo están de camino hacia el receptor.

● ¡Muchísimas gracias! Me has ayudado mucho, de verdad. Espero poder lograrlo yo sola la próxima vez.

Eso está hecho.	Wird gemacht!
el destinatario	der Empfänger
encender *(-ie-)*	einschalten
la clave de acceso	das Passwort
el asunto	der Betreff
hacer clic	anklicken
el icono	das Icon
adjuntar	anhängen
el archivo	die Datei
la ruta	der Pfad
estar de camino	unterwegs sein
el receptor	der Empfänger

120 Ich werd verrückt!

Das deutsche Verb „werden" hat im Spanischen u.a. folgende Entsprechungen:

- *ponerse* + Adjektiv → plötzliche und vorübergehende Veränderung der Stimmung, des Aussehens und des physischen Zustands:
  Se puso enferma. Sie wurde krank.
- *volverse* + Adjektiv → starke und andauernde Veränderung des Charakters:
  Se volvió loco. Er wurde verrückt.
- *hacerse* + Substantiv / Adjektiv → Veränderung oder Entwicklung:
  Se hizo ingeniero. Er wurde Ingenieur.
- *convertirse en / transformarse en* + Substantiv → völlige Verwandlung:
  El vino se convirtió en vinagre. Der Wein wurde zu Essig.
- *ser* + Substantiv / Adjektiv → einen Beruf ergreifen:
  Le gustaría ser veterinaria. Sie würde gerne Tierärztin werden.
- *llegar a ser* + Adjektiv / Substantiv → Resultat einer langsamen, mit Kraftaufwand verbundenen Entwicklung:
  Llegó a ser presidente. Er wurde Präsident.
- *quedarse* + Substantiv / Adjektiv → endgültiger, irreversibler Zustand:
  Se quedó ciego. Er wurde blind.
- Futur → Ereignisse und Handlungen in der Zukunft:
  Viajaremos a Menorca. Wir werden nach Menorca reisen.
- *ser* + Partizip → Passiv:
  Los niños son amados por sus padres. Die Kinder werden von ihren Eltern geliebt.
- *se* + Verb 3. Person Singular und Plural → *pasiva refleja*:
  Se venden cachorros de dálmata. Es werden junge Dalmatiner verkauft.
- andere reflexive und nicht reflexive Verben → z. B. *cansarse* (müde werden), *enfadarse* (böse werden), *mejorar* (besser werden), *amanecer* (Tag werden)

Kreuzen Sie das richtige Verb an.

a Con los años ___ triste y huraño. ☐ se puso ☐ se volvió

b Andrea estudió pedagogía y ___ maestra. ☐ se hizo ☐ se convirtió

c Las ovejas ___ conducidas al redil. ☐ fueron ☐ volvieron

d	De joven ____ a ser campeón de atletismo.	☐ llegué	☐ me puse
e	Cuando la princesa le dio un beso, la rana ____ en un príncipe.	☐ se puso	☐ se transformó
f	Para ____ grandes atletas debéis entrenar mucho.	☐ haceros	☐ volveros
g	José ____ paralítico tras el accidente.	☐ se quedó	☐ se transformó
h	____ de tanto viajar.	☐ Me convertí	☐ Me he cansado
i	En primavera ____ antes que en invierno.	☐ amanece	☐ se amanece
j	____ un apartamento en la calle del Agua.	☐ Alquila	☐ Se alquila
k	El agua con lodo ____ turbia.	☐ se vuelve	☐ convierte
l	Mi hijo quiere ____ químico.	☐ hacer	☐ ser
m	Con el tiempo ____ conociendo la verdad.	☐ irás	☐ te vuelves
n	Después de la muerte de su marido ____ viuda.	☐ se puso	☐ se quedó
o	Con el frío el cuerpo ____ rígido.	☐ se puso	☐ se hizo
p	Es difícil que un delincuente ____ en una persona honrada.	☐ se quede	☐ se convierta

huraño	mürrisch
el redil	der Pferch
la rana	der Frosch
paralítico	gelähmt
el lodo	der Schlamm
rígido	steif
honrado	ehrlich, anständig

121 Kleine aber feine Unterschiede: *aunque, cuando, mientras*

Wie man *aunque, cuando* und *mientras* übersetzt, hängt davon ab, ob ihnen ein Verb im Indikativ (das Ereignis findet in der Gegenwart oder fand in der Vergangenheit tatsächlich statt) oder im *subjuntivo* (das Ereignis liegt in der Zukunft oder der Zeitpunkt ist ungewiss) folgt.

Indikativ	*aunque* obwohl	*cuando* (immer) wenn / als	*mientras* während
subjuntivo	auch wenn / obgleich	wenn / sobald	während / solange / vorausgesetzt, dass

Geben Sie die Konjunktion auf Spanisch an *(aunque, cuando, mientras)* und tragen Sie das Verb in der richtigen Form ein.

a Te cuidaré las plantas (solange) *mientras* (estar) *estés* de viaje.
b (als) __________ (nosotros-estar) __________ en el jardín, llegó su madre.
c Avísame (wenn) __________ (llamar) __________ Lorena.
d Cómetelo todo (auch wenn) __________ no (tener) __________ hambre.
e (solange) __________ el niño (dormir) __________, no hagáis ruido, por favor.
f Yo soy feliz (wenn) __________ (estar) __________ en mi casa.
g Llegué tarde al cine (obwohl) __________ (ir) __________ corriendo.
h (auch wenn) __________ (ir) __________ corriendo llegaré tarde.
i (wenn) __________ (llover) __________ reverdece el campo.
j (während) __________ él (estar) __________ por ahí de juerga, nosotros estamos aquí trabajando.
k Quizá no llueva (obgleich) __________ (estar) __________ nublado.
l Le compraron un reloj (als) __________ (cumplir) __________ 12 años.
m Le comprarán un reloj (wenn) __________ (cumplir) __________ 12 años.
n El anciano pone mucho cuidado (wenn) __________ (cruzar) __________ el semáforo.
o Ve con cuidado (wenn) __________ (cruzar) __________ el semáforo.

reverdecer *(-zc-)*	wieder grün werden
estar de juerga	einen draufmachen
el anciano	der alte Mensch
cruzar	überqueren
el semáforo	die Ampel

122 Wortschatz im Kontext: *Una biografía*

Zu den bekanntesten lateinamerikanischen Schriftstellern gehört sicherlich der Kolumbianer Gabriel García Márquez. In dieser Übung lernen Sie einige Details aus seinem Leben und über seine Werke kennen. Natürlich erweitern Sie dabei auch Ihren Wortschatz zum Thema Literatur und Schreiben.

Vervollständigen Sie den Text mit den passenden Begriffen.

cuentos cuentos de hadas cuentos y novelas entrevista escritor ficción nombre hipocorístico historias letras libro narradores narrar obra periodismo Premio Nobel de Literatura publicación realismo mágico títulos

Gabriel García Márquez: El mago del realismo mágico

El 6 de marzo de 1927, nadie podía sospechar, en la pequeña ciudad colombiana de Aracataca, que ese día acababa de nacer allí mismo uno de los más grandes ______________ en lengua española de todos los tiempos. Había nacido "Gabo", ______________ de Gabriel García Márquez.

El futuro ______________ pasó los primeros años de vida en casa de sus abuelos maternos, un coronel del ejército que, en lugar de ______________, le "regaló terribles ______________ de la guerra civil colombiana", y una abuela que le "contaba las ______________ más atroces sin conmoverse, como si fuera una cosa que acababa de ver".

G. Márquez inició su contacto con las ______________________ a través del ______________________, actividad a la que dedicó varios años de su vida. Pero serían sus extraordinarios ______________________ los que harían que su nombre fuera conocido en todo el mundo, sobre todo a partir de la ______________________ de *"Cien años de soledad"* (1967), una novela que ha sido universalmente considerada como insuperable modelo del llamado "______________________", esa forma de ______________________ en la que la ______________________ y la realidad se confunden en un todo inextricable.

Pero es *"El amor en los tiempos del cólera"*, un ______________________ "humano, con los pies en la tierra", la ______________________ que, en opinión del propio escritor, mejor resistirá el paso del tiempo: "Ese es el libro que va a quedar", declaró G. Márquez en una ______________________.

______________________ fundamentales del narrador colombiano son también *"La hojarasca"*, *"La mala hora"*, *"Crónica de una muerte anunciada"*, *"El otoño del patriarca"*..., entre muchos otros.

En 1982, le fue otorgado el ______________________.

el cuento de hadas	das Märchen
el nombre hipocorístico	der Kosename
el periodismo	der Journalismus
el realismo mágico	der magische Realismus *(in den 1920er Jahren aufkommende künstlerische Strömung)*
el mago	der Zauberer
sospechar	vermuten
el coronel	der Oberst
el ejército	die Armee
atroz	scheußlich
conmoverse *(-ue-)*	gerührt sein
las letras	*hier* die Literatur

Cien años de soledad	*Hundert Jahre Einsamkeit*
insuperable	unübertrefflich
confundirse	ineinander verlaufen
inextricable	unentwirrbar
El amor en los tiempos del cólera	*Die Liebe in den Zeiten der Cholera*
La hojarasca	*Laubsturm*
La mala hora	*Die böse Stunde*
Crónica de una muerte anunciada	*Chronik eines angekündigten Todes*
El otoño del patriarca	*Der Herbst des Patriarchen*
otorgar	verleihen

123 *Después de que, hasta que, antes de que* – und dann?

Ähnlich wie für die Konjunktionen *aunque*, *cuando* und *mientras* (vgl. Übung 121) gilt auch für *después de que* (nachdem) und *hasta que* (bis):

- Das Verb steht im Indikativ, wenn es sich um ein tatsächliches Ereignis in der Gegenwart oder Vergangenheit handelt.
- Das Verb steht im *subjuntivo*, wenn sich das Ereignis auf die Zukunft bezieht oder der Zeitpunkt ungewiss ist.

Nach der Konjunktion *antes de que* (bevor) steht das Verb immer im *subjuntivo*.

Vervollständigen Sie die Sätze mit der richtigen Konjunktion.

a	Recogeré la ropa ___ llueva.	☐ antes de que	☐ hasta que
b	Cierra la puerta ___ hayan salido los niños.	☐ después de que	☐ antes de que
c	___ me diese cuenta, había llegado a Toledo.	☐ Después de que	☐ Antes de que
d	No lo digas ___ no llegue el momento.	☐ antes de que	☐ hasta que
e	___ te fuiste me acordé.	☐ Hasta que	☐ Después de que
f	No me pude dormir ___ cesó el ruido.	☐ después de que	☐ hasta que

g	Esperé ___ vino.	☐ hasta que	☐ antes de que
h	Vuelve a casa ___ anochezca.	☐ antes de que	☐ hasta que
i	Lo supimos ___ nos escribierais ese correo électronico.	☐ después de que	☐ antes de que
j	La partida de cartas empezó ___ llegaron los primos de Soria.	☐ hasta que	☐ después de que
k	No saldrás ___ no termines toda la tarea.	☐ después de que	☐ hasta que
l	Se apagaron las luces ___ empezara la función.	☐ antes de que	☐ después de que
m	___ te cases, mira bien lo que haces.	☐ Antes de que	☐ Después de que

recoger la ropa	die Wäsche abnehmen
darse cuenta	bemerken
anochecer *(-zc-)*	Nacht werden
la partida de cartas	das Kartenspiel
la función	die Vorstellung *(Kino)*

124 Lass mich nur machen! – „Lassen“ auf Spanisch

Dem deutschen Verb „lassen“ entsprechen je nach Bedeutung verschiedene spanische Verben:

– *dejar* (+ Infinitiv): „zulassen, erlauben“, „im bisherigen Zustand lassen“, „übrig lassen“, „zurücklassen“, „unterlassen“, „hinterlassen“:

No les dejan jugar a los niños en el jardín.	Sie lassen die Kinder nicht im Garten spielen.
Dejé el paraguas en casa.	Ich habe den Regenschirm zu Hause gelassen.

– *dejar de* + Infinitiv: „etwas sein lassen“:

¿Cuándo vas a dejar de fumar?	Wann wirst du das Rauchen sein lassen?

- reflexives Verb: „sich etwas machen lassen", „sich tun lassen":

Se operó de la rodilla.	Er ließ sich am Knie operieren.

- *hacer* + Infinitiv: „veranlassen":

El alcalde hizo poner aquí este semáforo.	Der Bürgermeister ließ hier diese Ampel aufstellen.

- Imperativ: „Lasst uns …" (Aufforderung):

¡Llamémosla ahora mismo!	Lasst uns sie jetzt gleich anrufen!

- anderes Verb: z. B. *permitir* (zulassen):

¿Le permites usar tu ordenador?	Lässt du ihn deinen Computer benutzen?

Übersetzen Sie.

a Hat jemand mein Handy gesehen? Ich habe es auf dem Tisch liegen lassen.

b Diese Bluse lässt sich gut bügeln.

c Unsere Nachbarn lassen die Kinder nicht im Garten spielen.

d Er kann das Rauchen nicht lassen.

e Iss nicht alles auf, lass deiner Schwester etwas übrig!

f Morgen gehe ich zum Friseur, um mir die Haare schneiden zu lassen.

g Wir ließen den Arzt holen.

h Lass mich in Ruhe!

i Lassen Sie mich bitte durch?

j Schließlich ließ er sich überzeugen.

k Lasst uns alle nach Mallorca in Urlaub fahren!

l Der Lehrer ließ ihn das Gedicht zweimal abschreiben.

planchar	bügeln
comerse	aufessen
la peluquería	*hier* der Friseur
copiar	abschreiben

125 *Sobre gustos sí hay algo escrito.**

Im Mittelpunkt dieser Übung stehen verschiedene Wendungen, mit denen man seine Vorlieben und Abneigungen zum Ausdruck bringen kann (vgl. Übung 5).

Verbinden Sie die Elemente der beiden Spalten zu sinnvollen Sätzen.

a	A los chicos	1	te gusta vivir aquí?
b	A nosotros	2	detesto las injusticias.
c	¿De verdad a ti	3	la verdura a la carne.
d	A mí	4	no soportan el mal tiempo.
e	Yo	5	me encanta viajar en avión.
f	A todo el mundo	6	me fastidia tener que trabajar hoy?
g	Perdón,	7	divierten tus bromas.
h	Soy español, pero	8	amas tanto la lectura?
i	No siempre me	9	les interesa mucho el fútbol.
j	¿Sabes cuánto	10	le preocupa la recesión económica.
k	El cine de acción	11	nos vuelve locas la música clásica.
l	A nosotras	12	nos entusiasman las fiestas de Navidad.
m	Mi hija prefiere	13	me fascina desde que era niño.
n	¿Por qué	14	¿os molesta si fumo?
o	Los españoles	15	no me gustan nada las corridas de toros.

Mit welchen Verben werden in der Übung Vorlieben ausgedrückt?

Und mit welchen Verben Abneigungen?

*** Sobre gustos no hay nada escrito.**	Über Geschmack lässt sich nicht streiten.
*** Sobre gustos sí hay algo escrito.**	Über Geschmack lässt sich doch streiten.
el cine de acción	das Actionkino
la injusticia	die Ungerechtigkeit
soportar	ertragen
fastidiar	ärgern
la broma	der Scherz
la recesión económica	die Wirtschaftsrezession

126 Sinnverwandte Wörter II

Tragen Sie die sinnverwandten Wörter (Synonyme) in das *crucigrama* ein.

Horizontales
3 fuego
5 vehículo
7 ver
9 convento
14 favorito
16 cuento
18 factura
19 idioma
20 adornar

Verticales
1 batalla
2 festividad
4 acuerdo
6 autor
8 dueño
10 celebrar
11 periódico
12 sueldo
13 piso
15 conseguir
17 ferrocarril

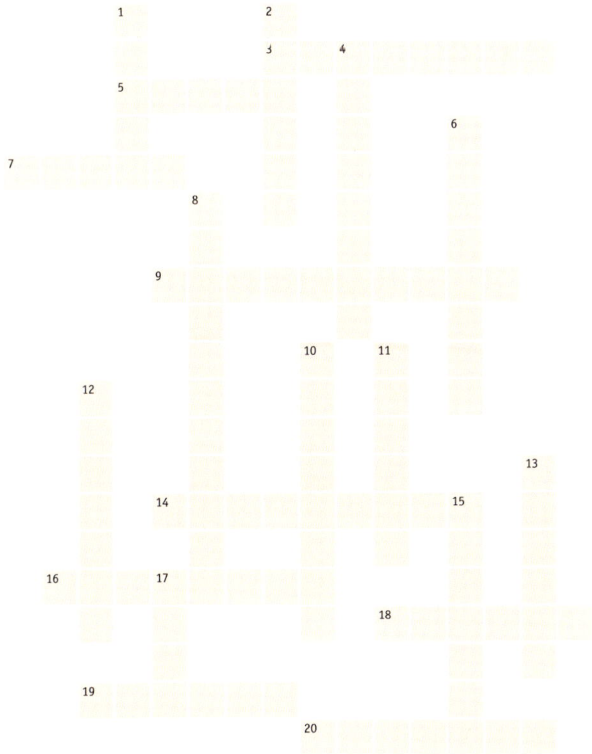

127 Noch mehr Sprichwörter

In Übung 87 haben Sie bereits einige spanische Sprichwörter kennengelernt. Hier folgen weitere.

13

Vervollständigen Sie die spanischen Sprichwörter und Redewendungen mit dem jeweils richtigen Wort.

perro vino pájaros margaritas agua hambre caro abarca liebre pan caliente gato

a Matar dos ________ de un tiro.
b Lo barato sale ________ .
c A falta de ________ buenas son tortas.
d Dar gato por ________ .
e Echar ________ a los puercos.
f Eso lo sabe hasta el ________ .
g Al pan pan y al vino ________ .
h A ________ flaco todo son pulgas.
i A buen ________ no hay pan duro.
j Gato escaldado del ________ fría huye.
k El que mucho ________ , poco aprieta.
l Hay que hacer las cosas en ________ .

Ordnen Sie nun die Sprichwörter ihren deutschen Entsprechungen zu.

- [h] Ein Unglück kommt selten allein.
- [ ] Perlen vor die Säue werfen.
- [ ] Man muss das Eisen schmieden, solange es heiß ist.
- [ ] Das wird dich teuer zu stehen kommen.
- [ ] Ein X für ein U vormachen.
- [ ] Zwei Fliegen mit einer Klappe schlagen.
- [ ] Das pfeifen die Spatzen von den Dächern.
- [ ] Gebranntes Kind scheut das Feuer.
- [ ] Hunger ist der beste Koch.
- [ ] In der Not frisst der Teufel Fliegen.
- [ ] Das Kind beim rechten Namen nennen.
- [ ] Wer viel beginnt, zu nichts es bringt.

la margarita	die Margarite
abarcar	umfassen
la liebre	der Hase

el tiro	der Schuss
a falta de	mangels
el puerco	das Schwein
flaco	dürr
la pulga	der Floh
escaldado	verbrüht
huir	fliehen
apretar *(-ie-)*	drücken

128 Lg hdl. – Liebe Grüße, hab dich lieb!

Keine SMS ohne Kürzel! Denn damit lassen sich möglichst viele Informationen in eine SMS hineinpacken, und man erspart sich das mühsame Tippen auf dem Handy. Einige der Kürzel, die in einer spanischen SMS verwendet werden, lernen Sie in dieser Übung kennen.

Ordnen Sie die Kürzel den Bedeutungen zu.

xy tq dnd qirsir? t@ bns nxes qtal? xdon texo d- asias dsk hl mñn ssclcl x k acs? bss io mxo xlo- xx xra xq pf finds a2

a ¿qué tal? ________
b hasta luego ________
c besos ________
d te quiero ________
e te echo de menos ________
f gracias ________
g mañana ________
h por ________
i porque ________
j para ________
k por lo menos ________
l mucho ________
m te mando un email ________
n perdón ________
o donde ________
p sí, sí, claro, claro ________
q chica ________
r chico ________
s adiós ________
t por favor ________
u yo ________
v ¿qué haces? ________
w el fin de semana ________
x ¿quieres ir? ________
y discoteca ________
z buenas noches ________

129 Wortschatz im Kontext: *¿El museo del Prado está lejos?*

In den Dialogen dieser Übung lernen Sie Wendungen kennen, die Ihnen auf Ihrer Besichtigungstour durch jede spanische oder lateinamerikanische Stadt nützlich sein können.

Vervollständigen Sie die folgenden Gespräche mit den passenden Ausdrücken.

aquí izquierda perdón medio de transporte llegue muchas gracias coja podría indicarme lejos al salir Plaza de España parada subiendo bájese en dirección

Klaus (■) está pasando una semana de vacaciones en Madrid y quiere ir al teatro. Pregunta a una señora (●).

■ ____________, señora, ¿ ____________ en qué dirección está el teatro *María Guerrero*?
● Desde ____________ es un poco difícil, porque está bastante ____________.
■ ¿Y si voy en algún ____________?
● Sí, es lo mejor. Mire, ____________ esta calle, a la ____________ tiene una ____________ de autobus. Coja el n° 15, que le deja en la ____________. Cuando ____________ allí, ____________ la línea 4 del metro ____________ Atocha y ____________ en la sexta parada. Pregunte ____________ del metro, porque el teatro queda muy cerca.
■ ____________. Adiós.
● De nada, adiós.

monumento paso de peatones una calle fuente hotel llegaré pásese por dónde de la derecha disculpe todo seguido a pie a unos a uno y otro lado orientación avenida enfrente

Angelika (▲) estudia Historia del Arte y en un viaje por España quiere visitar el museo del Prado. Sale de su hotel, que está en la Puerta del Sol. Pregunta a un señor (●).

▲ ____________, por favor, ¿el museo del Prado está lejos de aquí?
● No. Si no tiene prisa, ____________ son solo unos 15 minutos.

▲ ¿ ____________ se va?

● Vaya usted ____________ por esta acera ____________ .
En el tercer semáforo hay un ____________ , crúcelo y ____________ a la acera izquierda. Enfrente verá el Congreso de los Diputados. Desde allí, baja ____________ que va a dar justo a la plaza de Neptuno, donde verá una gran ____________ con la estatua del dios Neptuno.

▲ ¿Hay algún otro ____________ o edificio cerca que me sirva de ____________ ?

● Sí, ____________ de la Plaza de Neptuno verá usted el ____________ Palace y el hotel Ritz.

▲ Pero ... ¿Y el museo?

● Cruce esa ____________ , que es el Paseo del Prado, y sitúese ____________ del hotel Ritz. Mirando a la derecha, ____________ 120 metros, verá usted el museo.

▲ Muchas gracias, creo que ____________ sin problemas.

● Ya verá que no tiene pérdida.

▲ Adiós, muchas gracias.

● De nada. Adiós.

coger	nehmen (*Verkehrsmittel*)
bajar	hinuntergehen; aussteigen (*Verkehrsmittel*)
María Guerrero	Theater in Madrid
subir	hinaufgehen; einsteigen (*Verkehrsmittel*)
quedar	*hier* sich befinden
el paso de peatones	der Fußgängerüberweg
la fuente	der Springbrunnen
todo seguido	immer geradeaus
la acera	der Gehsteig
el semáforo	die Ampel
No tiene pérdida.	Sie können sich nicht verlaufen.

13

130 *¡España es mucho más!*

Die erste Übung – *España es diferente* – enthielt Begriffe, die viele mit Spanien in Verbindung bringen. Mit *España es mucho más* und weiteren Begriffen, die eng mit Spanien verbunden sind, schließt sich nun der Kreis.

Bringen Sie die Buchstaben in die richtige Reihenfolge und erfahren Sie, was Spanien „sonst noch ist".

Sí, España es también la ____________ (A a a h l m b r) de Granada, y la ____________ (a a a S g r d) Familia de Gaudí, en Barcelona, y el ____________ (a u c e c d u t o) de Segovia, y el ____________ (C i o a m n) de Santiago, y el ________ (e y R) don Juan Carlos, y el poeta Federico García ____________ (o a L r c), y el toro de ____________ (O b e o s r n) al borde de las autopistas, y las procesiones de ____________ (e a S m a n a S a t n), y ____________ (V e q u z l á z e) y ____________ (P a i o s s c) y ____________ (D í l a), y las playas de ____________ (A d n l u c í a a), y los Parques ____________ (N a u r t l a e s) del Norte y del Sur, y dormir la ____________ (s e i t s a) después de comer, y el Orfeón ____________ (D o s n o i t r r a a), El Corte ____________ (é g l n I s), y las ____________ (a F l l a s) de Valencia, y las fiestas de ____________ (o M r o s y r C i t i s n o s a), y los San ____________ (F r e i m e s n) de Pamplona, y la doma de ____________ (a c b a o s l l) pura sangre, y la Virgen del ____________ (i P l r a), en Zaragoza, y sacar el ____________ (a a b i n o c) en la iglesia cuando hace calor, y la nieve perpetua del ________________ (e i T c d), en Canarias, y la brillante luz del ______________ (o l s) iluminándolo todo, y las ____________________ (C e u a v s) de Altamira, en Cantabria, y las Casas ______________________ (o C l a g a s d) de Cuenca, y el Teatro ____________________ (R a m o n o) de Mérida y las juergas hasta el ______________________ (a e m n a e c r), y el yacimiento prehistórico de ______________________ (A t a p u r e a c), y Don ______________________ (Q o i u t e j) y Sancho ____________________ (a a n z P) caminando por los caminos de oro de La Mancha hacia los molinos de ____________________ (v e n i o t) ... Y tantas y tantas otras cosas más. También eso es España.

el borde	der Rand
la doma	die Zähmung
perpetuo	ewig
la juerga	die Kneipentour
el yacimiento	die Fundstätte
prehistórico	prähistorisch

L

Alternative Lösungen sind in Klammern angegeben.

Übung 1

a Rioja, tinto
b paella
c chorizo
d tapas, tortilla
e manchego
f churros
g gazpacho
h aceite de oliva
i jamón
j flamenco
k corridas de toros
l marisco
m ir de bares

Übung 2

a madre
b abuela
c abuelos
d hijo
e hermanos
f tío
g sobrina
h cuñados
i yerno
j suegros
k hija
l primos
m nietos
n novia, nuera
o marido
p padre
q mujer

Übung 3

a Es delgada. / Va muy arreglada. / Tiene los ojos azules. / Tiene la boca pequeña y los labios finos. / Tiene el pelo largo, negro y liso. / Tiene las uñas largas y pintadas. / Es guapa y muy simpática. / Pero es un poco nerviosa.
b Se llama Pablo Sánchez Solano. / Mide uno ochenta y siete. / Es gordo. / Tiene los hombros anchos. / Tiene los ojos grises. / Tiene la nariz larga y las orejas grandes. / Tiene el pelo corto y gris. / Lleva bigote y una barba de tres días. / Es antipático. / Va desarreglado. / Lleva gafas.
c Se llaman Carmen y Luisa González Molina. / Son gemelas. / Miden uno veinticinco. / Son muy delgadas. / Tienen los ojos marrones. / No llevan gafas. / Tienen el pelo corto, rubio y rizado. / Son amables y siempre risueñas.

Übung 4

T	P	A	C	E	I	T	E	C	M	U	E	B	L	E	C	I	S	L	Q
A	I	R	E	X	T	O	M	A	T	E	P	S	E	L	D	F	U	L	G
H	Z	D	E	P	O	R	T	E	C	B	C	C	C	K	A	I	L	A	A
V	C	P	S	I	W	R	Z	K	N	X	O	V	H	R	P	E	G	V	R
T	A	R	D	E	T	E	Q	H	P	A	C	K	E	S	G	B	U	E	A
W	L	S	L	Y	Z	D	F	A	L	N	H	T	Q	B	H	R	A	P	J
Q	L	P	C	H	O	C	O	L	A	T	E	L	E	A	G	E	N	T	E
T	E	M	U	B	I	L	L	E	T	E	S	F	R	S	V	E	T	A	Y
P	R	D	F	P	A	R	Q	U	E	A	X	S	U	E	R	T	E	Q	S

el parque – der Park, la torre – der Turm, la tarde – der Nachmittag, el chocolate – die Schokolade, la fiebre – das Fieber, el deporte – der Sport, el billete – die Fahrkarte, el coche – das Auto, el garaje – die Garage, la calle – die Straße, el mueble – das Möbelstück, la gente – die Leute, el aceite – das (Speise-)Öl, el guante – der Handschuh, la leche – die Milch, la llave – der Schlüssel, el pie – der Fuß, el tomate – die Tomate, el aire – die Luft, la suerte – das Schicksal

Übung 5

a me encanta, no, me gustan
b me gustan, no, me interesa, tampoco
c me gustan, sí
d le gustaba, me gustaría, también
e les gusta, no, le gustan, les gustan
f te gusta, me gustan, no
g os gustaría, me gustan, tampoco, le encanta

Übung 6

a nunca, nada
b no, ni, ni
c Nadie, nunca
d no, nadie
e no
f Ni, ni
g sin nada
h No, nada
i no, Nunca, nada
j no, nada
k no, nada, nadie
l sin nada
m No, ningún
n no, nadie
o Ni, ni, nada

Übung 7

a Carmen va todos los sábados al gimnasio. (Carmen va al gimnasio todos los sábados.)
b ¿Cómo vas a la oficina? – A veces voy en coche y a veces en el tren de cercanías.
c ¿Por qué no vas a casa a pie? – Porque prefiero ir en bicicleta.
d ¿Habéis estado ya alguna vez en Barcelona?
e En verano vamos siempre a Ronda. Primero vamos en avión hasta Málaga y luego allí alquilamos un coche.
f ¿Está tu madre en casa? (¿Tu madre está en casa?) – No, esta mañana ha ido a la ciudad.
g En 2020 va a Tokio a los Juegos Olímpicos.
h Nunca he ido a Nueva York en barco. (No he ido nunca a Nueva York en barco.)
i No le gusta ir en tren, prefiere ir en avión.
j ¿Cuándo vais a Canarias?

Übung 8

a Tischdecke / abrigo
b Unterschrift / empresa
c Sporthalle, Fitnessstudio / instituto
d Geschenk / estantería
e Wurzel / arroz
f (Trink-)Glas / florero
g Wasserhahn / asa, mango
h Praline / caramelo
i Vorrat / comisión
j Schatz / caja fuerte
k Truhe / maleta
l Wüste / postre
m Weg / chimenea
n Brief / tarjeta, postal
o Landkarte / cartera
p Salat (zubereitet) / lechuga
q Nachricht / apunte, nota

Übung 9

a	hay	g	están
b	hay	h	Hay
c	está	i	está
d	están	j	están
e	hay	k	Hay
f	hay	l	está

Übung 10

											1B					
											L					
									4C		U			3V		
									H		S			E		
								2Z	A	P	A	T	O	S		
									L					T		
	5C				6J	E	R	S	E	Y				I		
	O			7C					C		8F	A	L	D	A	
	R		9V	A	Q	U	E	R	O	S				O		
	B			L							10C					11C
	A			12C	H	A	Q	U	E	T	A					A
	T			E							M					M
13Z	A	P	A	T	I	L	L	A	S		I					I
				I							S					S
	14G	U	A	N	T	E	S				15A	B	R	I	G	O
				E												N
				16S	O	M	B	R	E	R	O					

Übung 11

a alemán, español
b austríacos (austriacos), australianos
c suiza, sueca
d danés, ruso
e argentino
f belga, francesa
g iraquíes, marroquíes
h italiana, española, húngaro, turco, japonés
i polaco
j finlandés
k griegos
l china
m holandesa
n noruegas

Übung 12

a	una	i	El
b	la	j	la
c	la	k	El, la
d	las	l	la
e	de + el: del	m	El
f	El, la	n	Los
g	la	o	el
h	la		

Übung 13
a Puedo
b podemos
c sabe, puede
d Podrías
e sé
f puedes
g sabe, sabe
h Sabéis
i sabéis, podéis
j puedo, sabes, podrías

Übung 14
a todos los días
b cada cuatro horas
c Cada vez
d toda la vida
e Cada, cada
f cada uno
g Todas las noches
h Cada uno (Cada cual)
i Todo el oro
j de cada día
k cada nieto
l Todos los años
m cada euro
n Toda la mañana
o Cada uno (Cada cual)

Übung 15
a Mi cumpleaños es en febrero.
b ¿A qué hora llega el tren? – A las diez de la noche.
c Los martes por la mañana va siempre al gimnasio.
d ¿Cuándo sales a correr, a las siete de la mañana o a las siete de la tarde?
e He reservado una mesa en la marisquería "Rías Baixas" para las nueve.
f Por la mañana (Por las mañanas) va a la oficina, por la tarde (por las tardes) está en casa.
g Nuestra hija nació el 5 de julio de 1996.
h Ayer llegamos a casa sobre / hacia / a eso de la medianoche.
i Antes se iban siempre de vacaciones en primavera. (Antes se iban de vacaciones siempre en primavera.)
j Mis padres se casaron en octubre de 1990.
k La semana pasada estuvo enfermo.
l ¿Tiene usted que trabajar también el próximo sábado? – No, los sábados siempre tengo libre.

Übung 16
a De Berlín.
b El jueves a las cinco.
c Me dejé el móvil en la oficina.
d Treinta y seis.
e Primero fuimos al cine y después a un bar.
f En tren.
g Para abrir las botellas de vino.
h Un bocadillo de queso, por favor.
i Mi tío Alberto.
j De mi jefa.
k Mi mujer es profesora y yo soy arquitecto.
l Son mis vecinas.

Übung 17
a para, por
b por, por
c por
d para, para
e por
f Por, por
g Para
h por, por
i Para, Para
j para
k Por
l por, por, por
m por, para
n por
o para

Übung 18
estoy buscando, talla, Blanca, algodón, prefiero, Sin, a cuadros, a rayas, elegante, probármela, probadores, queda, pequeña, mangas, corta, cuesta, llevo, caja, gracias

Übung 19
b de mis abuelos: Besitz
c un vestido de seda: Material
d El mes de enero: Zeitangabe
e de la esquina: Eigenschaft
f de Salamanca: Herkunft
g ropa de invierno: zus.ges. Substantiv
h una taza de té: Mengenangabe

i de las siete y media: Eigenschaft
j De niño: Ausdruck
k De mayor: Ausdruck
l de la foto: Eigenschaft
m La ciudad de Segovia: Eigenname
n de vista: Ausdruck

Übung 20

```
 1D  E 2S  P  E  N  S  A
        A
        L    3P
    4C  O  C  I  N  A
        N     S
             5C  O  M  E 6D  O  R
              I           E
    7D        N           S
 8T  E  R  R  A  Z  A     V
     S                 9T  A  L  L  E  R
     P                    N
10G  A  R  A  J  E         11B
     C                       A
     H                       Ñ
12D  O  R  M  I  T  O  R  I  O
```

Übung 21

a anciano
b clásicas
c numerosa
d bajo
e mayor, menor
f altos
g últimas
h antiguo
i espacioso
j importantes
k largo, cortos
l gordo

Übung 22

a Los niños juegan a la pelota en el jardín. (Los niños juegan en el jardín a la pelota.)
b Juan es un músico muy dotado. Toca extraordinariamente el chelo. (Toca el chelo extraordinariamente.)
c En verano jugamos casi todos los días al tenis. (... jugamos al tenis casi todos los días. Jugamos al tenis casi todos los días en verano.)
d Tom es británico, pero no sabe cómo se juega al críquet.
e Carmen no puede tocar el piano porque se ha roto el brazo.
f Se ha pasado toda la mañana jugando al baloncesto.
g Para jugar al ajedrez se necesita sobre todo concentración.
h ¿Jugamos a las cartas? No, todavía tengo que ensayar con la flauta.
i Desde hace tres años María toca ya en la orquesta sinfónica. (... ya toca ...)
j ¿Sigues tocando el saxofón? No, es escandaloso, ya bastante se quejan los vecinos cuando nuestros hijos juegan con las construcciones.

Übung 23

c [gelispeltes s]: afición, cielo, decisión, cigüeña, acera, aceite
c [k]: barbacoa, abanico, boca, cuento, cuando
g [ch]: ángel, biología, gente, girar, margen, región, ingeniero
g [g]: abogado, guía, guerra, guitarra, gobierno, chiringuito, pago
gu [gua/gue]: guardar, cigüeña, guapo, guante, ungüento

Übung 24

a lata
b gramos
c botellas
d paquete
e malla
f barra
g tableta
h docena
i litro
j caja
k tarros
l kilo
m trozo
n pastillas
o cabezas
p manojo

Übung 25

a mí, mi, el
b Él, el, más
c Te, té, te, Te, te, té
d Mi, papá, Papa
e Tú, cuando, tu, mí, mi
f sé, si, se, Sí, sé, se
g Cómo, tú, Como, mi
h El, trabajo, él, trabajó
i cantó, canto
j El, estudió, estudio

Übung 26

a estoy
b estoy
c son
d soy, es, he estado
e está, Está, es, está
f es, Son, es, es, es, está, está
g estamos, estamos
h es, Es, está, está, es, está, Está

Übung 27

a Este, aquella
b Estos, esos
c esta, esa, esa
d Este, aquella
e aquellos, aquella
f Estas, esas
g este, esta, esa, aquella
h este, ese
i esas, aquellos

Übung 28

a patinar
b correr
c nadar
d navegar
e bucear
f volar
g caminar
h pescar
i remar
j cabalgar
k esquiar

Solución: ir de compras

Übung 29

b profesor / profesora
c modelo / modelo
d juez / juez, jueza
e arquitecta / arquitecto
f periodista/ periodista
g carpintero / carpintera
h veterinario / veterinaria
i poeta / poetisa
j atletas / atletas
k panadero / panadera
l informático / informática
m gerente / gerente
n cantante / cantante
o alcaldesa / alcalde
p fisioterapeuta / fisioterapeuta

Übung 30

b sacacorchos
c limpiabotas
d lavaplatos
e cascanueces
f cumpleaños
g parasol
h quitamanchas
i cortacésped
j matamoscas
k parachoques
l saltamontes
m rompeolas
n salvavidas
o rascacielos
p pintalabios
q sabelotodo

Übung 31

a viejos amigos
b antigua casa
c mujer única
d moto nueva
e pobre zapatero
f palabra simple
g buena parte
h alta cuna
i casa antigua
j nueva moto
k funcionario alto
l libro triste
m gran cabeza
n triste libro
o simple palabra

Übung 32

b a
c –
d a
e al
f –
g –
h a
i –
j –
k a
l al
m a, a
n –
o a

Übung 33

A cuánto están, quería, Algo más, Qué, póngame (deme), quedan, siento, No, deme (póngame), Cuántos, no me los ponga, por favor, nada, Cuánto es, Adiós

Übung 34

a ¿A qué hora llega a Hamburgo el tren que sale a las 9?
b Isabel, ¿vienes a mi casa a cenar esta noche? (¿vienes esta noche a mi casa a cenar?) Vienen también Marta y Carmen. (Marta y Carmen vienen también. / … también vienen.) – Me gustaría ir, pero no tengo canguro para Carla.
c Más de veinte mil fans habían acudido al concierto al aire libre.
d En el viaje a Madrid pasamos por Ávila.
e Llevo esperando ya desde hace veinte minutos. ¿Por qué el autobús nunca llega puntual? (¿Por qué el autobús nunca es puntual?)
f Como la calefacción no calentaba, llamamos a un fontanero.
g Miguel y Luisa volvieron ayer de Portugal. (Ayer …)
h ¿Vienes? – Sí, voy enseguida. Solo tengo que despedirme de mis padres.
i Me apetecería una pizza, pero la pizzería ya está cerrada. – ¿Por qué no encargamos una?
j La tormenta se acercó muy rápidamente. (… muy rápido.)
k Creo que todavía no ha tenido tiempo de llamarte.

Übung 35

el viaje / die Reise
la ciudad / die Stadt
el agua / das Wasser
el problema / das Problem
la moto / das Motorrad
la radio / das Radio
el mapa / die Landkarte
el color / die Farbe
lo primero / das Erste
el amor / die Liebe
la canción / das Lied
la flor / die Blume
el avión / das Flugzeug
lo suyo / das Seine
el corazón / das Herz
el lápiz / der Bleistift
la razón / die Ursache
la nariz / die Nase
la libertad / die Freiheit
el programa / das Programm
lo útil / das Nützliche
el mes / der Monat
lo único / das Einzige
el ama de casa / die Hausfrau

Übung 36

a absolutamente seguro
b bonita, bien
c rápidamente (rápido)
d lenta, meticulosamente
e realmente sorprendidos / sorprendidas
f malo, mal
g Bien, bien, buen
h normal, despacio
i tranquilamente, tremendo
j frecuente
k Normalmente
l cortés, cortésmente
m increíblemente bien
n Seguramente, rápido (rápidamente)

Übung 37

a te has cortado
b se ha estropeado
c descansar
d Me acuerdo
e ha empeorado
f Te has caído, me caí
g Recuerdo
h Se ha dormido, duerme
i se llama, llamamos
j despertó
k se afeitan, ducharse
l dormir, se despiertan
m han despedido

Übung 38

b lo que / Relativpronomen
c Lo, lo / Artikel, Objektpronomen
d lo / Artikel
e lo que, lo que / Relativpronomen (beide)
f lo / Objektpronomen
g Lo / Objektpronomen
h Lo / Artikel
i Lo / Artikel
j Lo, lo / Objektpronomen (beide)
k lo / Artikel
l lo / Objektpronomen
m lo que, lo / Relativpronomen, Objektpronomen
n lo / Artikel
o Lo / Artikel

Übung 39

a mucho, muy
b mucho, muy
c mucho
d mucho
e muy, muchas, muchos, muy, mucho
f muy, mucho
g muy, mucho
h muy
i muy
j mucho
k muy
l mucho
m muy
n muy
o mucha

Übung 40

a Sitio de la casa donde se prepara la comida. / Küche
Electrodoméstico que sirve para cocinar. / Herd
b Si te interesan muchas cosas tienes muchos. / Interessen
El capital generalmente los produce. / Zinsen
c Cordillera de montañas de picos afilados. / Gebirge
Herramienta para cortar madera. / Säge
d Eva le dio a Adán una en el Paraíso. / Apfel
Bloque de casas rodeado de calles. / Häuserblock
e Los trenes llegan a ella y parten de ella. / Bahnhof
Hay una para cada época del año. / Jahreszeit
f Establecimiento donde se venden cosas, en especial comestibles. / Geschäft
Los campistas la utilizan para retirarse a dormir o descansar. / Zelt
g Si uno se ha casado dos veces ha tenido dos. / Ehefrauen
Los policías se las ponen a los delincuentes en las muñecas. / Handschellen
h Cante y baile típico del pueblo gitano, en especial de Andalucía. / Flamenco
Ave de pico, cuello y patas muy largos, con plumas de color blanco, rosa y rojo. / Flamingo
i Los árboles las pierden en otoño. / Blatt [Baum]
Las de los periódicos son de papel y muy grandes. / Seite, Blatt [Papier]
j Muchas niñas juegan con ella a ser mamás. / Puppe
Articulación de la mano con el antebrazo. / Handgelenk
k Piso o altura de un edificio. / Stockwerk
Ser vegetal. / Pflanze
l Cada una de las cuatro partes en que se divide un todo. / Viertel [¼]
Habitación de una casa. / Zimmer

Übung 41

b por ejemplo / zum Beispiel
c por favor / bitte
d Por qué / warum?
e por lo menos / mindestens
f por lo general / im Allgemeinen
g por casualidad / zufällig
h Por supuesto / selbstverständlich
i por eso / deshalb
j Por cierto / übrigens
k por si acaso / für alle Fälle
l Por fuera / von außen
m Por otra parte / andererseits
n Por desgracia / leider

Übung 42

a ¿Tienes tiempo? Podríamos ir al cine.
b Me gusta mucho tu vestido. ¿Dónde lo has comprado?
c ¿Me puedes pasar la mantequilla, por favor?
d Eso no quiere decir nada.
e Paco todavía no ha llamado.
f ¿Qué le pasa? ¿Por qué está de tan mal humor?
g Tú no tienes nada que ver con este asunto.
h ¿Por qué tienes tanta prisa?
i Tuvimos suerte, la obra todavía no había empezado.
j ¡Estoy harto! (... harta!)
k Necesitamos tranquilidad urgentemente.
l Lo sé de buena fuente.

Übung 43

a tres, trece, dieciséis
quince, catorce, uno
once, siete, setenta y siete
doce, dos, seis
b tres mil cuatrocientos ochenta y dos
c unos cuatrocientos
d trescientas veintiuna, treinta y un
e quinientas setenta y seis, seiscientos cuarenta y cinco
f veinte mil
g unos nueve, unos cinco
h quinientos cuatro mil seiscientos cuarenta y cinco, cuatro mil ochocientos setenta y dos, dos mil trece, dos mil ocho, cuarenta y seis millones ciento cincuenta y siete mil ochocientos veintidós

Übung 44

a más / que, tan / como
b más / que, tanto como
c tantos / como
d peor / que
e menos / que, tantas / como
f más / que
g más de
h mejor que, tan / como
i tantos / como, tanto como, más / que

Übung 45

a aburridísima
b facilísimas
c guapísima
d el anillo más bonito (... más hermoso), carísimo
e el más rico
f el chico más alto, altísimo
g feísima
h pequeñísima
i limpísimo
j El río más largo
k la modalidad deportiva más peligrosa, peligrosísima
l viejísimo

Übung 46

b El enfermo llevaba varios días sin comer.
c Empiezo a no entender nada.
d Cuando salimos del cine estaba a punto de nevar.
e ¡Menos mal, ha dejado de llover!
f No, acabamos de llegar.
g ¿Cuántos cigarrillos llevas fumados hoy?
h Hoy ha vuelto a nevar, pero menos que ayer.
i De niños solíamos jugar aquí.
j No, sigue durmiendo.
k ¿A qué edad echó a andar Mónica?
l Por favor, deja de molestar.

Übung 47

a cuece
b cuecen
c guisar, Cocer
d guisamos
e hirviendo
f preparo, Hazme
g llevas ... a ebullición
h hervía
i prepara
j cocinar
k Hierve
l estaba haciendo
m cocinar

L

Übung 48
a – 12, b – 7, c – 5, d – 13, e – 11, f – 1, g – 9, h – 2, i – 6, j – 8, k – 3, l – 10, m – 14, n – 4

Übung 49
a Qué
b cuál
c cuál
d Qué
e cuáles
f Qué
g Qué
h Cuáles
i Qué, Cuáles
j Qué
k Qué
l Cuáles

Übung 50

```
                      1M  O 2R  T  E  R  O
                             A                   3C
                             L    4L              A
                             L     I       5S     Z
                             A    6C  O  L  A  D  O  R
                7E    8B     D     U        R
          9T  O  S  T  A  D  O  R  A       10T  A  P  A
11F              P     T           D        E
  R              U     I           O        N
12E  X  P  R  I  M  I  D  O  R     R             13P
  I              A     O      14B  A  S  C  U  L  A
  D              D     R                          L
  O              E     A             15M  O  L  D  E
  R              R                                T
16A  B  R  E  L  A  T  A  S             17O  L  L  A
```

Übung 51
a El sofá está en la pared de la izquierda.
b Delante de la ventana hay una mecedora.
c Hay muchas plantas en el alféizar. (... sobre el / ... encima del aféizar)
d El gato duerme en el sofá.
e En la pared de la derecha hay un armario bastante grande.
f El piano está a la izquierda del sofá.
g (En el rincón,) A la derecha de la ventana, hay un escritorio.
h En el centro de la habitación hay una mesa con cuatro sillas.
i Debajo de la mesa hay una alfombra.
j Encima de (sobre, en) la mesa hay un jarrón.
k Hay dos lámparas: la lámpara de pie está cerca del sofá (entre el sofá y el piano) y la otra cuelga del techo, sobre la mesa.
l Hay otra alfombra entre la mecedora y el escritorio.
m Detrás del escritorio hay una estantería con libros.
n El televisor está en una mesita al lado de / junto a la mecedora.

Übung 52
a ha traído
b trajimos
c llevamos
d ha traído
e llevaba
f Llévame
g trae
h llevan (traen)
i trajo
j Llévale
k Tráiganos
l Habéis llevado
m Lleva
n llevó
o trae (lleva)

Übung 53
b fördern / doctorarse
c betreffen / respetar
d schütteln / actuar
e verlosen / clasificar
f auferlegen / impresionar
g schmelzen / fundamentar
h (ver)ehren / remunerar
i (aus)strahlen / borrar
j freispechen / cursar
k (Würde) verleihen / invertir
l beenden / fijar un plazo

Übung 54

a ligera
b pesado
c leve
d ligeras
e fácil
f duro
g difícil
h sencilla
i grave
j pesados
k grave
l ligero
m duro
n ligero
o leves

Übung 55

b mientras
Durante la película sonó tres veces el teléfono.
c mientras
Es de mala educación leer durante la comida.
d Durante
No se come chicle mientras se está en clase.
e mientras
Durante el trabajo está prohibido beber alcohol.
f Durante
Mientras él estuvo ausente lo sustituyó un colega.
g Mientras
Durante el viaje vimos muchas cosas.
h Mientras
Durante mi estancia en Inglaterra tomé mucho té con leche.
i mientras
Durante la visita del médico, la paciente se desmayó.
j durante
El general fue alertado mientras se celebraba el desfile militar.

Übung 56

a veintiuno
b primer, tercero
c primero, segundo
d séptimo
e quince
f uno oder primero
g dos
h veinte
i cuarto
j doce
k trece, catorce, Segunda

Übung 57

a – ¿Habéis estado alguna vez en Galicia?
~ Sí, en el 2001 estuvimos algunos días en Santiago de Compostela.
b – ¿Tienes algún CD de villancicos españoles?
~ No, desgraciadamente no tengo ninguno.
c – ¿Puedes darme otro trocito de tortilla, por favor?
~ Lo siento. Ya no queda nada.
d – Tengo hambre. ¿Vamos a tomar (comer) algo?
~ Yo ya he comido, pero te acompaño con gusto.
e ¿Es que siempre tiene que ser „o todo o nada"?
f – ¿Alguien ha visto mi móvil? Lo dejé encima de (en, sobre) la mesa...
~ Yo no he visto nada.
g – ¿Hay alguien ahí?
~ ¡Chisss, no grites! Yo creo que no hay nadie...
h – ¿Desea alguna cosa (algo) más, señora?
~ No, nada más, gracias, eso es todo.
i ¿Sabes algo de Eloísa? Hace un mes que no sé nada de ella. (... que no he oído nada de ella.)
j – ¿Alguna de vosotras se ha dejado las llaves del coche en el bar?
~ ¡Huy, mis llaves! Menos mal que en este pueblo nadie roba nada...

Übung 58

b la sopera
c la panera
d la tetera
e la ensaladera
f la salsera
g el azucarero
h el salero
i el pimentero
j la aceitera
k la vinagrera
l el especiero
m la paellera
n el frutero
o la fiambrera
p la mantequillera
q la bombonera
r la flanera

Übung 59

a – 5: el mismo día
b – 10: Es lo mismo.
c – 12: Los mismos
d – 13: la misma
e – 4: ahí mismo
f – 2: Yo mismo (misma)
g – 3: ¡Al mismísimo rey!
h – 1: ahora mismo
i – 7: lo mismo
j – 11: hoy mismo
k – 9: consigo mismo
l – 8: la misma forma
m – 6: en tus mismísimas narices

Übung 60

```
                 1N   E  2G   R   O
                          R
                          I
                         3S  4A   L   M   O   N      5R   O   J  6A   S
                              Z                                   Z
                              U                                   U
             7L          8B   L   A   N   C  9A                   L
    10V       I      11R      E              M          12N       C
      I       L       O       S         13M   A   L   V   A       E
 14R  O   S   A       J                      R           R       L
      L               O      15A   M   A   R   I   L   L   A       E
 16V  E   R   D   E   S                      L           N       S
      T                                      L           J       T
 17M  A   R   R   O   N   O   S   C   U   R   O      18C   A   F   E
                                             S
```

Übung 61

a mayor, menor
b más pequeña
c más grande, más pequeño
d mayor
e mayor
f inferior
g superiores
h menor
i superiores, inferiores
j menor
k más bajos
l más alto, más alto, más alto

Übung 62

a – 6: volviste
b – 8: volver
c – 9: se volvió
d – 1: se volvió
e – 7: volviendo
f – 11: has devuelto
g – 12: vuelvas
h – 4: envolverme
i – 10: devuelve
j – 2: Desenvuélvelo
k – 13: Revueltos
l – 3: vuélvela
m – 5: revuelve

Übung 63

a es, está
b es, Estoy (Estás, Está)
c está (estaba), era
d es (era), está (estaba)
e es, Estoy
f estás, es
g están, es
h es, está
i está, Es
j es, están
k Está, es
l está, es

Übung 64

a Silencio, por favor, los niños están a punto de dormirse.
b ¡Qué nubes tan oscuras! Creo que va a llover.
c Voy a mandarle (enviarle) un correo electrónico a Marco.
d El niño volvió del colegio y se puso a hacer los deberes.
e ¿Cómo reaccionó Adela ante la noticia? – Se echó a reír.
f Llevo más de un año sin ver a mis padres.
g ¿Seguís yendo a correr los domingos?
h Quiero / quisiera / me gustaría volver a ver esa película.
i ¿Puedo hablar con Juan? – Lo siento, está duchándose. (Se está duchando.)
j Antonio trabaja demasiado, lleva cinco horas estudiando.
k ¡Julio, ponte a trabajar de una vez!
l ¿Habéis terminado de cenar?
m ¿Has escuchado el mensaje que te dejé en el contestador? – No, acabo de llegar a casa.
n Ahora podemos sacar al perro. Ha dejado de llover.

Übung 65

a costar algo un ojo de la cara
b estar hecho polvo
c ponerse más rojo que un pimiento
d tener una corazón de piedra
e andar de la Ceca a la Meca
f estar más fresco que una lechuga
g ser más manso que un cordero
h estar más despistado que un pulpo en un garaje
i ser uña y carne
j tener malas pulgas
k coger a alguien con las manos en la masa
l estar en el séptimo cielo
m tener mano izquierda
n andar pisando huevos
o ser la oveja negra de la familia
p importarle algo a uno un rábano

Übung 66

acordar → el acuerdo
almorzar → el almuerzo
apostar → la apuesta
comenzar → el comienzo
contar → el cuento
contar → la cuenta
descontar → el descuento
encontrar → el encuentro
enterrar → el entierro
gobernar → el gobierno
jugar → el juego
nevar → la nieve
probar → la prueba
quebrar → la quiebra
rogar → el ruego
soñar → el sueño
tronar → el trueno
volver → la vuelta

Übung 67

a 1, 6, 9
b 2
c 4
d 7
e 6, 9, 12
f 3
g 5, 6, 9, 12
h 11
i 8
j 6, 9, 12
k 2, 10, 14
l 13

Übung 68

a ¿Cerca de Granada o cerca de Toledo?
b En la panadería.
c Cuando yo llegué (A mi llegada)
d A primera vista
e de Lepanto
f de día o de noche
g jugando al fútbol
h con este tiempo
i con mis padres (en casa de mis padres)
j en una empresa de electrónica
k a la luz de las velas
l a mi lado (conmigo)
m en el médico
n con los niños
o contigo

Übung 69

a consultar
b visitados
c frecuentado
d fui, asistí
e visitar, ver
f frecuentan
g asistir
h visitar
i frecuento
j vernos, hacernos una visita
k vas
l ir a visitar

Übung 70

Übung 71

a ¿Desde cuándo trabajas aquí? – Desde hace seis meses.
b Hace mucho que no vamos al cine.
c Se gustaron desde el primer momento.
d A Felipe lo conoce desde hace ya cinco años, pero a sus padres solo desde el verano pasado. (... lo conoce ya desde hace ... / ... ya lo conoce desde hace ...)
e Desde el comienzo de la crisis económica muchas empresas han entrado en bancarrota.
f – ¿Hace mucho que no hablas con tu hermano?
~ Bastante, desde hace por lo menos un mes.
g Hacía siete años que no iba de vacaciones a la playa.
h – ¿Desde hace cuántos años toca tu hermana el piano?
~ Desde hace doce años, es decir, desde que tenía cuatro años (desde los cuatro años).
i Los obreros de la fábrica de coches están en huelga desde hace ya dos días. (... ya desde hace ...)
j Conozco el Café Gijón desde hace cuarenta años.

Übung 72

a de
b en
c con
d en
e en
f de
g Por
h En
i Según
j de
k en
l a
m en
n por

Übung 73

abierto – cerrado
alegre – triste
bajo – alto
bueno – malo
caro – barato
delgado – gordo
divertido – aburrido
dulce – amargo
estrecho – ancho
fácil – difícil
frío – caliente
fuerte – débil
joven – anciano
largo – corto
mucho – poco
nervioso – tranquilo
pequeño – grande
rápido – lento
verdadero – falso
viejo – nuevo

Übung 74

a delante de la casa
b Después de la comida
c ante testigos
d a vainilla, a limón
e de miedo
f para casa
g después de usted
h para Berlín, A las siete y veinte
i Detrás de mí
j Antes de mi segunda venida, hace 33 años
k Según los datos del Instituto Nacional de Estadística
l antes de Cristo
m después de Cristo
n Tras el divorcio (después del divorcio)
o ocho menos diez, delante del cine
p a casa
q hacia el sur

Übung 75

a – ¿De quién son estas mochilas?
~ Son nuestras.
b – ¿Son de Encarna estos pantalones?
~ Sí, son suyos.
c – ¿Es también de Encarna esta blusa?
~ No, esa es mía.
d – Nuestros mejores amigos viven en Sevilla / León.
~ Los nuestros en León / Sevilla.
e – Luisa, ¿tu madre tiene el pelo blanco?
~ No, la mía aún no.
f – A nosotros nos encanta vuestro país.
~ Y a nosotros el vuestro.
g – Tu jardín está precioso.
~ Tampoco está mal el tuyo.
h – Mis hijos son uña y carne con sus amigos.
~ Pues como los míos con los suyos.

i – ¿No tiene dueño este perro?
~ Claro que tiene: es mío.
j – Esta es María con su marido.
~ Nunca había visto una foto suya

Übung 76
lo (O), la (A), la (A), las (A), la (O), lo (A), la (O), la (O), -la (O), los (A), los (A), las (A), las (A), las (A), las (O), las (O), lo (A), la (A), la (A), -la (O), -lo (O), los (A), -los (O), -los (O), la (A), La (O), la (O), -la (O)

Übung 77
a He recibido
b coger
c perder
d Va a tener
e encontrar
f da
g obtener
h han entrado
i recibió
j logro
k Desea
l sientan
m Gana
n da
o consigo

Übung 78
aperitivo, apetece, boquerones, beber, por favor, de primero, sabroso, De segundo, pescado, solomillo, copita, agua, un tinto, postre, tarta de cerezas, tráiganos, alcachofas, espárragos, aproveche, riquísimo, cortado, tráigame, cuenta, Aquí tiene

Übung 79
a Hace cincuenta años, circulaban, Hoy, hay
b De momento, puedo, el próximo año, voy (iré)
c a finales del siglo XIX, era, Hoy día, es
d Los sábados, trabajo (alle Personen möglich), los lunes, descanso (alle Personen möglich)
e Esta semana, hemos hecho (alle Personen möglich), ha habido, la próxima, sea
f en el 2050, serán
g Dentro de cinco días, operan (van a operar / operarán)
h El lunes que viene, a las once, viene
i Al principio, fue, a la segunda semana, empezó
j son (serán), a mediados de junio
k En este momento, puedo, vuelva, dentro de media hora
l Pasado mañana, viene (va a venir / vendrá)
m Desde julio del año pasado, sabemos

Übung 80
a cubiertos
b cucharita
c mantel
d fuente
e copa
f jarra
g plato
h vaso
i servilleta
j cuchara
k cuchillo
l tenedor
Solución: Buen provecho

Übung 81
a Quiero, vuelvas
b necesito, eches
c deseamos, gane
d desearía, fuera (fuese)
e Esperamos, diga
f Espero, tengáis
g Necesitaríamos, ayudara (ayudase)
h Ojalá, sepamos
i Quiero, pida
j gustaría, limpiaras (limpiases)
k necesario, grites
l Quisiera, volvieras (volvieses)
m Querría, dijeras (dijeses)
n queríais, viniera (viniese)

Übung 82
a – 6	g – 4
b – 5	h – 1
c – 12	i – 2
d – 8	j – 3
e – 10	k – 7
f – 11	l – 9

L

Übung 83

b Sí, ya se lo he devuelto.
c No, aún no nos las han dado.
d Sí, gracias, pónganoslas.
e Estoy limpiándolos, mamá.
f ¿Quién te lo ha traído?
g Se la vendí a un amigo.
h Sí, acaban de dárnosla.
i Se lo dijo su hermana.

Übung 84

a donde
b los que (quienes), quienes (los que)
c con el que
d de cuya
e como
f en quien
g cuando
h que
i donde
j cuanto
k lo cual
l lo que
m que
n a quienes
o a la que
p cuyos

Übung 85

a	vaso	vasito	Gläschen	–
b	–	cucharilla	–	Kaffee-löffel
c	trozo	trocito	Stückchen	–
d	–	tortilla	–	Tortilla
e	–	castillo	–	Burg
f	cerveza	cervecita	Bierchen	–
g	poco	poquito	ein klein wenig	–
h	taza	tacita	Tässchen	–
i	–	panecillo	–	Brötchen
j	–	cochecito	–	Kinder-, Puppenwagen
k	beso	besito	Küsschen	–
l	pobre	pobrecito	–	(Du) Ärmster!
m	–	calzoncillos	–	Unterhose
n	–	rodilla	–	Knie
o	–	bocadillo	–	belegtes Brötchen
p	–	vajilla	–	Geschirr
q	–	palomitas	–	Popcorn
r	–	carrito	–	Kofferkuli, Einkaufswagen, Kinderbuggy

Übung 86

acordarse = recordar	foto = imagen
anciano = viejo	habitante = ciudadano
circular = redondo	infancia = niñez
clínica = hospital	oliva = aceituna
comprar = adquirir	propietario = dueño
cuarto = habitación	responder = contestar
edificio = casa	roca = piedra
empezar = comenzar	tal vez = quizás
entierro = funeral	vaso = copa
florero = jarrón	vidrio = cristal

Übung 87

a A quien madruga, Dios le ayuda.
b De tal palo, tal astilla.
c Más vale pájaro en mano que ciento volando.
d Perro ladrador poco mordedor.
e Una vez al año no hace daño.
f A caballo regalado no se le mira el diente.
g De noche todos los gatos son pardos.
h Mala hierba nunca muere.
i Cada oveja con su pareja.
j La experiencia es la madre de la ciencia.
k No es oro todo lo que reluce.
l Se coge antes a un mentiroso que a un cojo.

Übung 88

tienes ganas, quedamos, va bien, Perfecto, vale, parecería, primero, después, apetece, poniendo, entradas, por internet, estaré libre, No importa, a las cinco, Mejor, acuerdo

Übung 89

a con
b a
c –
d con
e en
f a
g a
h de
i sobre de
j en
k por
l al
m con
n en
o de
p en
q de
r por, De
s al, de
t de

Übung 90

R	U	T	X	A	I	L	S	O	Q	N	P	E	P	R	E	M	I	O	C
L	A	R	G	O	M	E	T	R	A	J	E	N	U	L	K	U	A	P	H
A	L	O	U	P	E	L	I	C	U	L	A	O	B	E	I	J	Y	A	E
S	Y	D	Q	E	A	C	T	R	I	Z	V	B	L	Z	I	H	F	N	S
B	O	A	E	D	C	L	T	Z	R	B	N	R	I	T	I	E	Y	T	T
U	Z	R	R	E	P	R	E	S	E	N	T	A	C	I	O	N	Q	A	R
T	G	D	S	E	R	B	N	Q	S	Y	Z	U	O	V	M	S	S	L	E
A	I	L	R	J	M	F	U	N	C	I	O	N	Q	A	Y	A	G	L	L
C	R	T	L	N	E	S	B	M	E	L	Q	E	C	F	H	Y	A	A	L
A	O	P	Q	E	N	R	T	A	N	X	C	V	T	E	L	O	N	P	A
S	C	A	F	G	T	Q	P	L	A	P	L	A	U	D	I	R	P	G	Q
Q	J	E	S	T	R	E	N	O	O	Z	L	K	F	Y	N	V	T	D	H
G	P	R	O	T	A	G	O	N	I	S	T	A	E	G	U	I	O	N	D
E	L	T	I	U	D	I	R	E	C	T	O	R	S	J	L	U	H	Q	N
G	A	C	F	D	A	I	P	L	B	E	S	C	E	N	A	R	I	O	Y

la película
la actriz
el estreno
el director
el telón
la pantalla
la estrella
el largometraje
la obra
la entrada
la función
el guión
el protagonista
el premio
el público
aplaudir
el ensayo
el escenario
la escena
la representación
rodar
la butaca

Übung 91

a – 6, Si
b – 9, si
c – 1, Cuando
d – 8, cuando
e – 11, Si
f – 12, Cuando
g – 10, si
h – 7, Cuando
i – 2, si
j – 4, Cuando, Si
k – 5, Si
l – 3, Si

Übung 92

a Cuando
b que
c Bajando
d Como
e que
f como si
g Cuando
h que
i que, como si
j de
k De
l que
m como que
n cuando

Übung 93

a – 1 (8, 11, 13), Donde
b – 7, Cuando
c – 12, Como
d – 8 (1, 11, 13), Las que
e – 3, Adonde
f – 5, Como
g – 9, Lo que
h – 4, Adonde
i – 2, cuando
j – 6, Las que
k – 13 (1, 8, 11), Cuando
l – 11 (1, 8, 13), La que
m – 10, La que

Übung 94

a Para la fiesta de cumpleaños de la abuela.
b Porque nos gusta.
c Para navegar por Internet.
d Para que tú también las sepas.
e Porque el año que viene quiero recorrer Argentina en bici.
f Sí, lo hizo por caridad.
g Para esclarecer la verdad.
h Para que nadie tocara (tocase) nada.
i Para que me oigan.

Übung 95

a estaba (está), llena de gente
b estaba, no tenía dinero
c es, es un pesado porque molesta mucho
d está, está harta
e es, es un soltero deseable
f son, son muy amigas
g está, está muy delgada
h son, son fáciles
i era, era muy exigente
j está, está implicado en el asunto
k está, está muy irritada
l Estoy, estoy impaciente
m es, muy fácil
n estaba, no sabía nada

Übung 96

reservar, individuales, doble, noche, días, habitación, incluido, alojamiento, conexión a Internet, hora, desayuno, A nombre, teléfono, buen viaje

Übung 97

a Necesitamos un coche que no gaste mucha gasolina.
b La novela policiaca que leí el verano pasado era increíblemente intrigante.
c Para las vacaciones buscamos una casa que dé directamente a la playa.
d No quiere un puesto de trabajo en una empresa que no pague las horas extras.
e ¿Comiste tú la carne que estaba en el frigorífico?
f Lo siento, pero la corbata que me has regalado no me gusta.
g Mañana vamos a una ciudad que fue fundada en el siglo XIII.
h ¿No sabes de nadie que pueda prestarme una escalera de mano de 5 metros?
i No prestes dinero a una persona a la que no conozcas bien.
j La casa que tiene la puerta de forja era la casa de mis abuelos.
k Nadie acoge en su casa a una persona que no conoce.

Übung 98

a quizá(s) (tal vez), vaya
b Probablemente, salga
c Es posible que, se haya olvidado
d Habrán llegado
e quizá(s) (tal vez), sepamos
f me habré confundido
g posiblemente, se me hayan caído
h Seguramente, cogerán
i Habrán tenido
j seguramente, se retrasará, es posible que, se retrase
k Quizá(s) (Tal vez), regalen
l Probablemente, vengan
m estará

Übung 99

				[1]A	L	[2]E	G	R	A	R		
	[3]V					M						
	I					P						
	V					I						[4]C
[5]S	E	[6]C	A		[7]D	E	S	C	[8]A	N	S	A
		O				Z			D			L
		N		[9]A	T	A	R	S	E			E
		T							L			N
		E							G			T
[10]L		S		[11]A	H	O	R	R	A	R		A
I		T							Z			R
M		A							A			
P	E	R	D	I	S	T	[12]E	I	S			
I							N					
A							T					
N				[14]L	L	O	R	A	R			
D							A					
[15]O	D	I	A	R			N					

Übung 100

(refl. = reflexives Verb, p.r. = pasiva refleja, Pron. = indirektes Objektpronomen, man = deutsch „man")
a – 4 (p.r.)
b – 11 (man)
c – 6 (refl.)
d – 1 (refl.)
e – 2 (refl.)
f – 3 (refl.)
g – 7 (refl.)
h – 8 (refl.)
i – 13 (Pron.)

j – 5 (p.r.)
k – 12 (refl.)
l – 10 (p.r.)
m – 9 (p.r.)

Übung 101

Atlántico, oeste, viento, lluvia, en la costa, chubascos, llover, nubosos, nevará, cielos, precipitaciones, descenso, temperaturas, sol, máxima, mínima, bajo cero

Übung 102

a Hace sol.
b Hace viento.
c Hace frío.
d Hace calor.
e Hay niebla.
f Llueve.
g Nieva.
h Está nuboso.
i Está despejado.
j Hay tormentas.

Übung 103

a – 11, pueden
b – 12, Me permite
c – 1, tiene que
d – 8, está permitido
e – 2, debo
f – 4, se permite
g – 3, Hay que
h – 9, Puedo
i – 6, tiene ... que
j – 10, traigo
k – 13, Quieres
l – 14, hay que
m – 7, Debe
n – 5, puede

Übung 104

a de, a
b para
c a, de
d dentro de
e Por, a
f sobre
g de
h Por, al, por, para
i A, A, a
j por, a
k a, a (sobre / hacia), de
l a, al
m A
n De, a
o sin, sin
p al, sin
q Por, para
r de, conmigo
s de, en
t por
u Del, al
v de, al
w A, a
x A, A, a
y en, con
z según

Übung 105

b Nos informó de que el domingo volvería tarde.
c Me aseguró que aquellos muebles los había comprado en Segovia.
d Mencionaron que les habría encantado vivir cerca de su hija.
e Dijeron que si tuvieran dinero se comprarían una casa en la Costa Blanca.
f Cuenta que cuando él era pequeño no había TV.
g Observó que si hubiéramos salido a las ocho habríamos llegado a tiempo.
h Me pidió que lavara (lavase) el coche.
i Nos preguntó cuánto dinero nos quedaba todavía.
j Me contestó que en 1983 su hermano había subido al Kilimanjaro.
k Nos pide que llamemos cuando lleguemos a Londres.
l Me avisó de que no venía a Dublín conmigo.

Übung 106

1 Recepción. Buenas tardes ...
2 Buenas tardes. Pues mire ...
3 Perdón, ¿qué habitación ...?
4 Me llamo ...
5 ¿Cuál es el problema, ...?

6 Mire usted, señora, …
7 No sabe cuánto …
8 Gracias. Es que jamás …
9 Le reitero …

a La calefacción no funciona.
b Hay una bombilla fundida.
c Falta una bombilla.
d No han cambiado las toallas.
e No han limpiado la habitación.
f No han hecho las camas.
g La ventana no se cierra bien.
h Se oye todo el ruido de la calle.
i Me ha desaparecido un reloj de pulsera que tenía en la mesita de noche.

Übung 107
a Me alegro
b mucha ilusión
c te alegras
d con impaciencia
e alegría
f Me alegró
g se alegran
h esperábamos con impaciencia
i Ha sido un placer
j alegrado
k mucha ilusión
l alegrarnos
m mucha ilusión
n me alegro

Übung 108
a – 5
b – 4
c – 6
d – 9
e – 1
f – 3
g – 7
h – 2
i – 8

deberías, aconsejo, recomiendo;

yo en tu lugar, yo que tú;

Imperativ: tómate, inhala, duerme
Konditional: iría, Deberías, esperaría, cogería
subjuntivo: recetase, contrates, hagas / als Frage: ¿Has probado …?, ¿Por qué no se opera …?

Übung 109
a palillo, dünn wie eine Bohnenstange
b torre, riesengroß
c esponja, saufen wie ein Loch
d flan, wie Espenlaub zittern
e pared, kreidebleich werden
f loro, nachplappern wie ein Papagei
g pavo, stolz wie ein Pfau
h ostra, sich zu Tode langweilen
i palma de la mano, etwas wie seine Westentasche kennen
j chimenea, rauchen wie ein Schlot
k zorro, schlau wie ein Fuchs
l ardilla, flink wie ein Wiesel
m pez, sich pudelwohl fühlen
n mula, störrisch wie ein Esel
o caído, wie ein Geschenk des Himmels
p tronco, schlafen wie ein Murmeltier
q castañuelas, quietschvergnügt sein
r churros, weggehen wie warme Semmeln

Übung 110

											[1]E								
			[2]T	E	I	D	[3]E				B		[4]C						
			U				L		[5]L	A	R	I	O	J	A				
			R				P				O		R						
	[6]L	O	R	C	A		R			[7]P			R						
			O			[8]S	A	N	F	E	R	M	I	N					[9]S
			N				D			N			D						A
							O		[10]C	E	R	V	A	N	T	E	S		N
	[11]C			[12]P						L									G
	A		[13]V	I	S	I	G	O	D	O	S		[14]V	A	S	C	O		R
	N			R						P			A						I
[15]S	A	N	T	I	A	G	O			E		[16]A	L	H	A	M	B	R	A
	R			N						C			E						
[17]M	I	G	U	E	L	I	N	D	U	R	A	I	N						
	A			O						U			C						
	S			S						Z			I						
													[18]A	V	I	L	A		

Übung 111
a eres muy torpe / zwei linke Hände haben
b quien manda y dirige todo / den Ton angeben
c era la alumna preferida / der Liebling sein
d tenía arrugas en torno a los ojos / Krähenfüße haben
e sobre quien recayó toda la responsabilidad / etwas ausbaden müssen
f es muy despistada / nicht bei der Sache sein
g sin recursos / pleite sein

h ser indiscreto / ins Fettnäpfchen treten
i muy lejos, en un lugar apartado / sehr weit weg wohnen
j se rieron de mí / jemanden auf den Arm nehmen
k lo pasé mal / vom Pech verfolgt sein
l se irritó mucho / die Wände hochgehen

Übung 112
oferta, secretaria, contactos internacionales, organice, sector, labores de coordinación, requisitos, Experiencia mínima, fluidos, programas de Office, entrevista, Salario, de prueba, contrato, currículo

Übung 113
1 Virginia Naranjo Castillo ...
2 Dr. D. Augusto Vallejo ...
3 Madrid, 25 de ...
4 Distinguido ...
5 He tenido conocimiento ...
6 Adjunto le remito ...
7 Como podrá ver ...
8 Creo, sin embargo, que ...
9 Agradeciéndole de antemano ...
10 Atentamente, ...

Übung 114
a – 11, (spanische Blindenorganisation)
b – 10, Olympische Spiele
c – 1, Bundesrepublik Deutschland
d – 6, NATO
e – 9, Europäische Union (EU)
f – 8, Aids
g – 2, Bundesagentur für Arbeit
h – 3, Seine Majestäten (Anrede für das spanische Königspaar)
i – 12, Internationaler Währungsfonds (IWF)
j – 7, Mehrwertsteuer
k – 4, Computertomographie (CT)
l – 5, Weltgesundheitsorganisation (WHO)

Übung 115
a Capricornio; empezará, será
b Acuario; estará, Tendrá
c Piscis; Perderá, recuperá
d Aries; cambiará
e Tauro; guiará, hará
f Géminis; cumplirá, visitará
g Cáncer; traerá, habrá
h Leo; atravesará
i Virgo; descubrirá, Mejorarán
j Libra; pasará
k Escorpio; reencontrará, Ganarán
l Sagitario; alegrará

Übung 116
a ¡Qué suerte!
b ¡Ya era hora!, ¡Por fin!
c Se me ponen los pelos de punta ...
d ¡Gracias a Dios!
e Ojalá., Estupendo.
f ¡Vaya por Dios!
g ¡Qué maravilla!
h ¡No me digas!, ¿De verdad?
i ¡Qué mala suerte!
j ¡Qué bonito!
k ¿Será posible?, ¿Pero cómo ...?
l ¡Le está bien empleado!, ¡Menos mal!
m ¡Qué desastre!
n Hay que ver ..., ¿Pero qué me dices?
o ¡Qué desastre!, ¡Qué mala suerte!

Übung 117
zufrieden: contento / descontento
notwendig: necesario / innecesario
höflich: cortés / descortés
bekannt: conocido / desconocido
bequem: cómodo / incómodo
wirklich: real / irreal
fähig: capaz / incapaz
geduldig: paciente / impaciente
leserlich: legible / ilegible
sportlich: deportivo / antideportivo
genügend: suficiente / insuficiente
persönlich: personal / impersonal
verantwortlich: responsable / irresponsable
günstig: favorable / desfavorable
begrenzt: limitado / ilimitado

L

sympathisch: simpático / antipático
regelmäßig: regular / irregular
aufmerksam: atento / desatento
möglich: posible / imposible
gesetzmäßig: legal / ilegal
vollkommen: perfecto / imperfecto
ruhig: quieto / inquieto

Übung 118

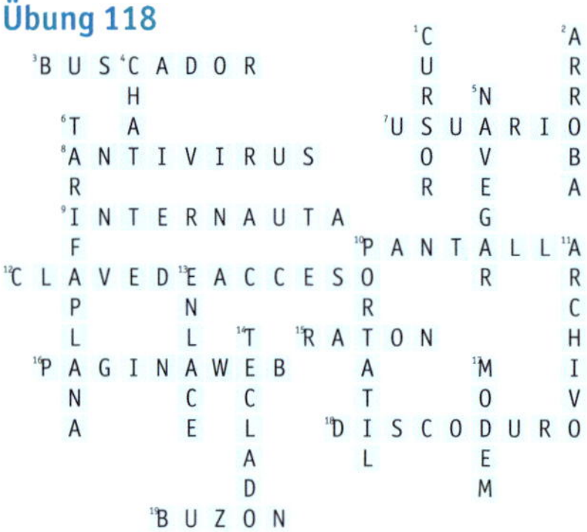

Übung 119

1 Enciende el ordenador.
2 Abre el programa del correo electrónico.
3 Introduce tu clave de acceso y conéctate a la red.
4 Haz clic en el icono "escribir correo".
5 Escribe la dirección del destinatario.
6 Indica el asunto.
7 Escribe el texto del mensaje.
8 Haz clic en "enviar".

a haz clic en "adjuntar",
b busca en "examinar",
c sigue la ruta del archivo que deseas,
d selecciónalo y adjúntalo con otro clic;
e después cierra la ventana.
f Haz clic en "enviar".

Übung 120

a se volvió
b se hizo
c fueron
d llegué
e se transformó
f haceros
g se quedó
h Me he cansado
i amanece
j Se alquila
k se vuelve
l ser
m irás
n se quedó
o se puso
p se convierta

Übung 121

b cuando, estábamos
c cuando, llame
d aunque, tengas
e Mientras, duerme
f cuando, estoy
g aunque, fui
h Aunque, vaya
i Cuando, llueve
j Mientras, está
k aunque, está
l cuando, cumplió
m cuando, cumpla
n cuando, cruza
o cuando, cruces

Übung 122

narradores, nombre hipocorístico, escritor, cuentos de hadas, cuentos, historias, letras, periodismo, cuentos y novelas, publicación, realismo mágico, narrar, ficción, libro, obra, entrevista, Títulos, Premio Nobel de Literatura

Übung 123

a antes de que
b después de que
c Antes de que
d hasta que
e Después de que
f hasta que
g hasta que
h antes de que
i antes de que
j después de que
k hasta que
l antes de que
m Antes de que

Übung 124

a ¿Alguién ha visto mi móvil? Lo dejé encima de (en, sobre) la mesa.
b Esta blusa se plancha bien.
c Nuestros vecinos no dejan jugar a los niños en el jardín.
d No puede dejar de fumar.
e ¡No te lo comas todo, deja algo para tu hermana!
f Mañana voy a la peluquería a cortarme el pelo.
g Llamamos al médico.
h ¡Déjame en paz!
i ¿Me permite pasar, por favor?
j Por fin se dejó convencer.
k ¡Vámonos todos de vacaciones a Mallorca!
l El profesor le hizo copiar el poema dos veces.

Übung 125

a – 9	f – 10	k – 13
b – 12	g – 14	l – 11
c – 1	h – 15	m – 3
d – 5	i – 7	n – 8
e – 2	j – 6	o – 4

Vorlieben: gustar, encantar, divertir, amar, interesar, entusiasmar, fascinar
Abneigungen: detestar, no soportar, fastidiar, preocupar, volver loco, molestar, no gustar

Übung 126

			1L				2F								
			U				3I	N	4C	E	N	D	I	O	
			5C	O	C	H	E		O						
			H				S		N			6E			
7M	I	R	A	R			T		T			S			
					8P		A		R			C			
					R				A			R			
				9M	O	N	A	S	T	E	R	I	O		
					P				O			T			
					I			10F		11D		O			
		12S			E			E		I		R			
		A			T			S		A					
		L			A			T		R				13P	
		A		14P	R	E	F	E	R	I	D	15O		L	
		R			I			J		O		B		A	
	16H	I	S	17T	O	R	I	A				T		N	
		O		R				R		18C	U	E	N	T	A
				E								N		A	
		19L	E	N	G	U	A					E			
								20D	E	C	O	R	A	R	

Übung 127

a pájaros / Zwei Fliegen mit einer Klappe schlagen.
b caro / Das wird dich teuer zu stehen kommen.
c pan / In der Not frisst der Teufel fliegen.
d liebre / Ein X für ein U vormachen.
e margaritas / Perlen vor die Säue werfen.
f gato / Das pfeifen die Spatzen von den Dächern.
g vino / Das Kind beim rechten Namen nennen.
h perro / Ein Unglück kommt selten allein.
i hambre / Hunger ist der beste Koch.
j agua / Gebranntes Kind scheut das Feuer.
k abarca / Wer viel beginnt, zu nichts es bringt.
l caliente / Man muss das Eisen schmieden, solange es heiß ist.

Übung 128

a qtal?	j xra	s a2
b hl	k xlo-	t pf
c bss	l mxo	u io
d tq	m t@	v k acs?
e texo d-	n xdon	w finds
f asias	o dnd	x qirsir?
g mñn	p ssclcl	y dsk
h x	q xx	z bns nxes
i xq	r xy	

Übung 129

1. Dialog: Perdón, podría indicarme, aquí, lejos, medio de transporte, subiendo, izquierda, parada, Plaza de España, llegue, coja, en dirección, bájese, al salir, Muchas gracias
2. Dialog: Disculpe, a pie, Por dónde, todo seguido, de la derecha, paso de peatones, pásese, una calle, fuente, monumento, orientación, a uno y otro lado, hotel, avenida, enfrente, a unos, llegaré

Übung 130

Alhambra, Sagrada, acueducto, Camino, Rey, Lorca, Osborne, Semana Santa, Velázquez, Picasso, Dalí, Andalucía, Naturales, siesta, Donostiarra, Inglés, Fallas, Moros y Cristianos, Fermines, caballos, Pilar, abanico, Teide, sol, Cuevas, Colgadas, Romano, amanecer, Atapuerca, Quijote, Panza, viento

R

Die Zahlen beziehen sich auf die durchnummerierten Übungen.